D1671087

SAID

ein vibrierendes kind

erinnerungen an eine persische kindheit

© Verlag C.H.Beck oHG, München 2022
www.chbeck.de
Umschlaggestaltung: geviert.com, Michaela Kneißl
Umschlagabbildung: Motive von ullstein bild (Detail) und Shutterstock
Satz: Fotosatz Amann, Memmingen
Druck und Bindung: CPI – Ebner & Spiegel, Ulm
Gedruckt auf säurefreiem, alterungsbeständigem Papier
(hergestellt aus chlorfrei gebleichtem Zellstoff)
Printed in Germany
ISBN 978 3 406 78159 9

myclimate
klimaneutral produziert
www.chbeck.de/nachhaltig

SAID

ein vibrierendes kind

erinnerungen an eine
persische kindheit

Mit einem Nachwort von
Michael Scholz

C.H.Beck

teheran

das kind wird an einem mittwoch um drei uhr nachmittags geboren.

in einem krankenhaus.

auf diesen ort haben sich die eltern geeinigt.

zur stunde der geburt sind sie geschieden.

die ehe hat 41 tage gedauert.

die mutter ist bei der geburt 14 jahre alt und blutet stark. der arzt hat
gewütet:

«ihr seid keine menschen, sondern tiere.»

das kind weiß:

das zimmer hat ein fenster auf einen garten. der tag ist voller sonne.

dies alles wird dem kind erzählt, viele jahre später, weil es danach fragt.

behbahan

eine stadt im süden. klein und staubig.

das kind ist zwei jahre alt.

zum spielen darf es nicht hinaus. großmutter fürchtet den staub der
gasse – er sei voller krankheiten.

der innenhof, unter dem blauen himmel.

vor dem schwarzen tuch des photographen das kind. mit einem
gerüschten hosenanzug und einer sonnenbrille, übergroß und
modisch. das licht hell und ruhig.

das kind wartet auf den vogel, der aus der kamera herausfliegt.

das hat der armenische photograph versprochen.

hinter ihm die fenster der kellerräume, geräumig und kühl – für den
nachmittagsschlaf der erwachsenen.

das pferd

mittags kommt vater von der arbeit zurück, hoch zu roß in
  seiner uniform.
das pferd pocht mit dem kopf an die tür.
vater ist stolz auf sein pferd und dessen kunststück.
links neben der haustür der dunkle stall.
vater füttert sein pferd mit würfelzucker. die würfel liegen auf seiner
  handfläche. das pferd holt sich die belohnung. vater spricht mit ihm.
das kind steht an der tür, beäugt das tier und hat angst.
an einem freitag nimmt vater das kind, dessen cousine und cousin mit zu
  einem luzernenfeld außerhalb der stadt.
die kinder werden in den sattel gesetzt. das pferd grast. vater hält die
  zügel in der hand. sein blick beruhigt die kinder. er spricht mit dem
  pferd.

schlangen

nachts schläft vater allein unter seinem moskitonetz, aufgespannt über
   einem holzbett –
schlangen können die pfosten nicht hinaufkriechen. das kind in einem
   anderen bett, neben ihm großmutter, unter einem anderen netz.
schlangen fallen von der dachrinne auf die erde. der dumpfe schlag weckt
   vater. er springt auf, greift den stock neben dem bett und schlägt nach
   dem tier. wenn die schlange nur verletzt ist und fortkriecht, sucht der
   vater, unterstützt von der verschlafenen ordonanz, ihr nest auszu-
   räuchern. eine verletzte schlange ist gefährlich. und wenn sie tot ist,
   muß auch der lebenspartner getötet werden, da dieser seine ermordete
   geliebte rächen würde.
das kind darf das moskitonetz nicht verlassen, großmutter drückt es fest
   an sich, fast erdrückt sie es. von seinem bett sieht das kind schatten,
   die hin- und herrennen, und riecht den rauch.
am morgen, wenn es aufwacht, ist keine schlange zu sehen. auch vater
   nicht. er steht mit der sonne auf und reitet zu seiner garnison.

eine andere stadt im süden, größer – hier bleibt das kind einige jahre.

das kind liebt das haus, einstöckig mit vier zimmern.

in einem zimmer schlafen mama rosa, die jüngere tante, und ihr mann.

    das kind nennt ihn baba schazad, weil der eigene vater oft weg ist.

das zweite zimmer ist für gäste bestimmt – ein verbotenes reich.

das dritte zimmer bewohnen der vater, seine mutter und ihre schwester,

    tante zinat.

das vierte zimmer ist für die kinder. sie schlafen in einem bett auf dem

    boden. die zwei buben auf den außenseiten, die cousine in der mitte.

im patio ein bassin, drüber der einzige wasserhahn des hauses. unter

    seinem strahl waschen die kinder den schlaf aus den augen.

mit seinem trüben wasser ist das bassin der mittelpunkt des hofs.

    großmutter wäscht hier das geschirr; die ordonanz ist ihr nicht

    sauber genug. für die wäsche kommt eine dicke frau mit nur zwei

    zähnen im mund. sie spricht ununterbrochen und bringt die frauen

    zum lachen.

das kind versteht nichts von ihren erzählungen und bleibt fern.

auf der anderen seite des hofs liegt die küche, dunkel, kühl, geräumig;

    hier schläft die ordonanz. ein rekrut, der nach der grundausbildung

    von acht wochen als diener im haus arbeitet.

rechts von der küche führt eine wendeltreppe zum flachdach.

läuse

vater ist oft unterwegs; seine abwesenheit qualvoll für das kind. wenn er
von seinen langen dienstreisen zurückkommt, ist er ermüdet und
verlaust. großmutter macht gleich feuer im hof und hält seine kleider
darüber. durch die hitze entkrampfen sich die läuse und fallen ins
feuer.

es knistert so schön; das kind steht da und wartet.

dann wird vater von seiner mutter gewaschen, am kopf und unter den
armen besonders. jetzt dreht sich herr leutnant um und wäscht selbst
seine mitte. großmutter wacht in einem abstand von zwei metern,
daß er keine katzenwäsche macht. erst, wenn herr leutnant sich
abgetrocknet hat, darf ihm das kind in die arme rennen.

fortan lebt das kind in angst, vater würde wieder verschwinden. geht er
zur toilette – zu einem plumpsklo in der ecke des hofes –, hält das kind
davor wache. die erwachsenen lachen. dann wacht das kind eines tages
auf, und vater ist wieder fort.

ein löwe

trauerprozession nahe der weißen brücke.

großmutter nimmt das kind mit.

in der mitte des zuges tragen männer auf einer palette einen löwen,
    der traurig dreinschaut.

«in kerbela hatte selbst ein löwe erbarmen mit unseren märtyrern und
    warf sich erde auf sein haupt. das wirst du gleich sehen.»

das kind hat angst vor dem löwen und will das gar nicht sehen.

ein militärjeep bremst vor dem trauerzug.

den paradestock in der hand, springt ein oberst heraus.

«den löwen habe ich doch verboten.»

mit dem stock stürmt er nach vorn.

«wenn ich dich erwische, du verdammtes tier ...»

der löwe springt hinunter und läuft auf zwei füßen davon.

großvater

«ein brief, ein brief ist da!», ruft die ordonanz.

großmutter wirft einen blick auf die schrift:

«was will dieser taugenichts? gott möge ihn verfluchen», sie legt den brief
    zur seite.

nach seinem mittagsschlaf widmet sich vater dem brief,
    das kind auf seinem schoß.

«ein brief von deinem großvater.»

vater und sohn schauen sich das foto an.

ein alter mann mit weißem bart sitzt an einem bassin und wäscht sich
    das gesicht.

das kind trägt das foto zur großmutter.

mit einer hand verdeckt sie das gesicht: «was will der räuber wieder
    von mir?»

das foto kehrt zum vater zurück.

großmutter keift:

«sein ganzes vermögen hat er ausgegeben: für tauben und flittchen.»

das kind blickt zum vater hinauf.

«großvater lebt in schiraz als gast bei hafes.»

«seine frau und drei kinder alleine lassen, mitten im krieg, mitten im
    russengesindel.»

vater steht auf und geht in sein zimmer.

das kind bleibt da und hört großmutter toben:

«jetzt ist er verarmt und meldet sich.»

ab

jemand klopft an die tür; die ordonanz geht öffnen.

großmutter ruft ihm nach: «wer ist da?»

«ein mann, der will wasser.»

großmutter wickelt den schleier noch enger um den körper und geht
    zur tür; das kind versteckt sich hinter ihr und späht.

unter der nachmittagssonne steht ein araber mit seiner kefije,
    ungeschlacht und mit einem schnurrbart bewaffnet.

großmutter nickt und kehrt in den patio zurück:

«kind, einen dürstenden dürfen wir nicht abweisen.»

sie wirft eisstücke in die blaue schale und füllt sie mit wasser.

«bruder, gedenke auch der märtyrer unserer religion.»

der araber steckt einen finger hinein und rührt die eiswürfel.

dann führt er die schale mit beiden händen an die lippen und trinkt.

«mutter, möge es dir der durstige imam vergelten.»

der norden

das kind hustet.

der militärarzt untersucht es.

«herr leutnant, das ist der staub des südens. haben sie verwandte
im norden?»

«meine schwester lebt in rascht», antwortet vater.

«sorgen sie dafür, daß das kind die sommermonate dort verbringt,
nahe dem kaspischen meer. die luft ist medizin für seine lunge.»

die fahrt von über 1000 kilometern zermürbt das kind: es schläft vor
erschöpfung oder kotzt.

mama charmante empfängt es mit einer großen umarmung.

«hier gehört dir alles: der garten, die blumen, die bäume und die
feuchte brise.»

am ersten freitag geht sie mit ihm aus.

«wenn du in rascht bist, mußt du zum café nuschin; hier gibt es den
besten kuchen der stadt.»

dort entscheidet sie sich für die empore.

der kellner bringt ein tablett mit verschiedenen kuchensorten.

das kind kann die namen nicht aussprechen, sie sind russisch.

«du brauchst nur über das wasser zu gehen und schon bist du in
rußland», sagt mama charmante.

das kind ißt kuchen, schaut hinunter und sieht mehr frauen
ohne schleier als in ahwas.

mama charmante nimmt ihm ein versprechen ab:

«jeden freitag begleitet mich mein junger freund aus dem süden hierher.»

die amme

das haus von mama charmante ist groß, ihr mann ein hoher beamter.

hier herrscht seine amme.

sie hat ihn gestillt und großgezogen. als er heiratete, bestand sie darauf,
    mitzugehen.

die amme duzt jeden.

dick und rheumatisch läuft sie den ganzen tag ohne schleier herum
    und schimpft.

nach dem mittagessen räumt sie ab und verkündet:

«jetzt kommt niemand mehr in die küche.»

dort ißt sie alleine, legt sich neben dem herd hin und hält ihre siesta.

das kind geht auf zehenspitzen in die küche und wartet still.

die amme wacht auf und streckt sich wie eine katze nach allen seiten:

«jetzt machen wir einen tee.»

das kind hat schwierigkeiten, sie zu verstehen; sie spricht in ihrem
    dialekt.

«der erste tee gehört uns beiden, die anderen müssen warten»,
    sie greift in ihr kleid.

das kügelchen opium hält sie zwischen zwei fingern und lacht
    mit dem zahnlosen mund.

«das ist medizin für die amme», sie steckt das opium in den mund
    und schlürft einen großen schluck tee.

«wenn du wüßtest, was gliederschmerzen mit mir machen.»

der derwisch

sein ruf fängt das kind ein, noch bevor es ihn sieht. es begleitet tante
zinat auf dem abendeinkauf und entdeckt den derwisch im eingang
einer gasse.

der vollbart liegt ihm auf der brust. sein haar trägt er offen, auf der einen
seite geflochten. die mütze ist bunt, glitzert und lockt kinder an. von
seiner schulter hängt die betteltasche, unter dem arm eine rolle, in der
hand ein stab.

das kind hat angst und will dennoch dem derwisch zuhören.

es setzt sich in den schoß von tante zinat und drückt sich fest an sie.

der derwisch entrollt sein ledertuch, nagelt es an die mauer eines hauses.

im schneidersitz starren kinder die bilder auf dem tuch an.

bilder aus früheren zeiten. kriegerische männer, herausgeputzte frauen.
viel berg, viel baum.

der derwisch zeigt mit dem stock auf die bilder. begleitet von seinen
gebärden, erzählt er dazu geschichten. nein, er erzählt nicht, er singt.

seine stimme geht in die tiefe, wenn der held gerade verraten und
ermordet wird.

findet das liebespaar endlich zueinander, begleitet eine hohe stimme die
szene.

schließlich schlägt er mit dem stock auf die erde und rollt das tuch wieder
ein.

mit seiner betteltasche geht der derwisch durch die reihen der kinder.
tante zinat öffnet den knoten an der ecke ihres kopftuchs und gibt dem
kind eine münze. es wirft das geld in die betteltasche, der derwisch
schaut weg, er will das geld nicht sehen.

das kind flüchtet wieder in tante zinats schoß.

reisig

«reisig, reisig!», ruft der araber. vater öffnet die tür und winkt ihm; der
mann nickt und führt erst seinen esel in den schatten. die weiße galabija
reicht ihm bis zu den knöcheln. die füße sind nackt und ignorieren die
hitze auf dem asphalt; sein kopf, bedeckt mit einer kefije. das karierte
tuch schützt auch seinen nacken vor der sonne.

aus der küche bringt die ordonanz eine halbe wassermelone. der araber
greift in die galabija, holt sein messer heraus, kauert sich an die mauer
und schneidet schmale scheiben ab. dann geht er hinaus; das kind
folgt ihm. sein esel steht mit dem gesicht zur mauer, bepackt mit dem
reisig.

die melonenschalen wirft der araber seinem esel vor die füße, krault
seinen hals und befiehlt dem kind mit starkem akzent: «paß auf das
tier auf!» das kind nickt und hat nur angst; doch der esel ist beschäftigt
mit fressen und will niemandem etwas tun.

mit bloßen händen greift der araber in dürre zweige und befestigt sie in
dicken büscheln am außengitter der fenster. ein wasserbehälter steht
auf dem flachdach; das wasser tropft in das reisig, und der schirokko
schenkt dem haus eine milde brise.

als der mann fertig ist, streichelt er die flanken seines tieres und
betritt mit dem kind wieder das haus. vater fragt auf arabisch, ob er
einen tee will. der mann nickt und deutet mit der hand auf den wasserhahn. «bitte», antwortet der vater. der mann hält seine hände für eine
weile unter das fließende wasser, dann geht er in die hocke, lehnt sich
gegen die mauer und schlürft seinen tee. jetzt reicht ihm der vater einige
geldscheine und sagt wieder auf arabisch: «danke!»

ohne es zu zählen, nimmt der araber das geld, küßt es und läßt es in
seine galabija verschwinden. er legt die rechte hand auf das herz,
murmelt einen gruß und geht hinaus.

zwei brüste für das kind

eines wintertages in der dämmerung kommt sie, eine schwarze. niemand
bietet ihr einen platz an. im hof stehend öffnet sie die bluse; zwei pralle
brüste springen heraus. großmutter geht herum und prüft sie von allen
seiten.
die frau nimmt die rechte brust in die hand und drückt sie fest, bis die
milch herausspritzt. so will es die großmutter. damit der erste dreck
draußen ist. mit der linken fängt die amme die milch auf und verreibt
sie in der handfläche – als wollte sie sich gegen die vergeudung
wehren.
großmutter bringt seife und frisches wasser. die schwarze wäscht den
oberkörper mit kaltem wasser, schreckt auf, lacht, schlägt von unten
gegen die brüste und spricht mit arabischem akzent. großmutter
bringt einen kleinen kelim. die frau breitet ihn im schatten aus, setzt
sich mit gekreuzten beinen, nimmt das kind und gibt ihm die brust.
es saugt und hält sich an der anderen fest.
vater kommt; die amme will aufstehen vor herrn leutnant. doch er bittet
sie auf arabisch, sitzen zu bleiben; das kind saugt weiter.
von nun an kommt sie regelmäßig. sie erzählt, vater habe ihre brüste
gesehen, als sie das kind gestillt habe. von da an habe er sie bedrängt,
bis sie nachgegeben habe. jetzt teilt sie ihre brüste zwischen kind und
vater. er hat sie auf zeit geheiratet. sie kommt, grüßt, lacht, zeigt ihre
weißen zähne und verschwindet ins vaterzimmer.
jetzt kann großmutter sie nicht mehr leiden und giftet, die amme sei
nicht sauber genug, schwarz und araberin.
das kind darf ihre brüste nicht mehr sehen; die trägt sie zum vater.
irgendwann kommt die amme nicht mehr.

anis

das kind ist vier jahre alt und hat einen freund.

er ist schwarz, araber und hat einen viel älteren bruder. er hat anis einen
autoreifen geschenkt.

mit einem stock in der hand lenken die kinder den reifen über die
straße –

sie gehört ihnen, da es kaum autos gibt.

ein militärjeep hält an, vater springt heraus.

«es ist mittagszeit. willst du deinen freund nicht zum essen einladen?»

anis folgt ohne worte.

großmutter empfängt den freund mit mißtrauen.

«er soll erst die hände waschen.»

vater erwidert: «kommt, wir waschen die hände.»

das eßtuch ist im schatten der palme ausgebreitet, die flunder wartet.

vater reißt ein stück brot ab und bietet es dem gast an.

anis senkt den blick und schüttelt den kopf. vater spricht mit ihm
arabisch.

er schaut auf, vater neigt den kopf und hört sein geflüster.

«anis, ich verspreche dir, daß morgen dein freund bei euch
zu mittag ißt.»

anis strahlt, nimmt das brot, küßt es und tunkt es in die soße.

tante zinat

die kinder nennen sie tante zinat, sie ist mulattin, mit einem gesicht
  voller muttermale.
äußerlich ist die halbschwester der großmutter das genaue gegenteil:
  sie schlank und groß, die großmutter rund und klein. sie erzählt gern,
  ihre familie sei sehr reich gewesen. ihr vater hatte eine schwarze
  sklavin; damals ein zeichen des wohlstands. eines tages wird diese
  schwanger, der vater bekennt sich zur tochter.
tante zinat ist jungfer und schon immer bei uns, doch stets im hintergrund. einmal fragt das kind, warum sie nicht verheiratet sei. ruhig
  und ohne ein zeichen der traurigkeit gesteht sie, niemand habe um ihre
  hand angehalten. sie selbst wollte auch keinen, bis auf einen herrn.
  er hatte eine eigene droschke und trug im winter galoschen; aber er
  beachtete sie nie.
sie riecht immer nach speisekammer und ist für das kind das letzte
  refugium, wenn die großmutter zu herrisch wird.
tante zinat kocht, näht, kauft ein und macht noch allerlei handlanger-
  dienste. gelegentlich übernimmt sie auch kleine näharbeiten für
  fremde leute, um ein wenig geld zu verdienen;
davon bekommt das kind oft ein paar groschen.
wie die großmutter betet auch tante zinat fünfmal am tag. doch sie
  nimmt die gebete nicht sehr ernst. wenn das kind danach fragt,
  antwortet sie, sie kenne den gott und er sie. beide wüßten, daß er ihr
  einiges nachzusehen habe.

romana

die straße, in der das kind wohnt, führt zur universität am karun, dem
  größten fluß des landes.
er ist schiffbar, voller haie und mündet in den persischen golf.
zwischen dem universitätsgebäude und der weißen brücke liegt der
  romana-garten.
das kind begleitet großmutter dorthin. sie geht von einer staude zur
  nächsten, bis sie sich entschieden hat; dann bleibt sie stehen. der
  araber kommt in seiner weißen galabija, grüßt, zieht sein krummesser
  heraus und schneidet den romana ab.
großmutter gibt dem kind täglich romana wegen der vitamine. sie wäscht
  die blätter gründlich und bereitet einen süßen sirup. das kind darf die
  romanablätter in den sirup tunken und zum mund führen –
ganz wie die erwachsenen.

die weiße brücke

links am romana-garten die weiße brücke, deren hohe eisenbogen über
dem fluß wachen.

vater erzählt, der alte schah habe bei der eröffnung die deutschen
ingenieure unten in booten versammelt, während darüber ein bataillon
soldaten im gleichschritt marschierte. der könig wollte wissen, ob die
eisenkonstruktion hält.

tagsüber verbindet die brücke ahwas' zwei hälften. in der altstadt wohnt
das kind. auf der anderen seite stehen die garnison, die siedlung für
offiziere, der offiziers-club mit schwimmbecken, restaurant und
billardsalon und der bahnhof.

abends glänzt die weiße brücke unter dem mondlicht, vermehrt ihre
elektrische beleuchtung im wasser, ist der stolz und die flanierstraße
der stadt. vater und kind gehen über die brücke.

er salutiert vor militärs, grüßt bekannte, umarmt freunde, bleibt stehen
und unterhält sich kurz mit ihnen.

das kind faßt die hand des vaters, späht ins wasser und hofft einen hai
zu entdecken.

links unter der brücke liegt der garten «drei mädchen»: lunapark, café
und restaurant. hier werden frische krabben feilgeboten, aus dem
wasser in die pfanne, kein öl, nur ein wenig salzwasser. der gast
bekommt seine pfanne und ißt daraus, mit fladenbrot. es gibt auch eis
und obstsäfte. die attraktion aber ist limonade: in abgefüllten flaschen.
manchmal findet das kind unter dem verschluß eine murmel. je mehr
murmeln, desto besser kommt es ins spiel mit kindern auf der straße.

die barke

von der brücke sieht das kind die barken mit fahrgästen; während der
 araber stumm seine barke voranstakt. vater erzählt, sie können schön
 singen, wenn man sie darum bittet.
großmutter wittert gefahr: diese menschen trinken, lassen das boot
 treiben, und ihr kind fällt ins wasser. das kind will den araber singen
 hören und tobt, bis tante zinat verspricht, mitzugehen und
 aufzupassen.
in der dämmerung gehen sie aus dem haus. vater und tante zinat nehmen
 das kind in die mitte, fassen seine hände, heben und schwingen es in
 der luft; großmutter ist ja nicht da. plötzlich spricht vater in einer
 anderen sprache; einer geheimsprache der erwachsenen. dann geht er
 in ein geschäft und kommt bald heraus mit einer gelben papiertüte
 unter dem arm.
in der barke sitzt das kind neben tante zinat; ihnen gegenüber der vater.
 er sagt etwas auf arabisch und überreicht die tüte. tante zinat schaut
 ins wasser; sie will das sündige zeug nicht sehen. der araber holt die
 flasche heraus, trinkt einen schluck, wischt mit der rückhand seinen
 schnurrbart und zeigt seine gesunden zähne: «möge herr leutnant
 gesund bleiben.»
«soll ich singen für dich?»
das kind nickt und faßt die hand von tante zinat. der mann neigt den kopf
 zum vater.
«bitte!», erwidert der auf arabisch.
nun trinkt der mann noch einen schluck, läßt das boot treiben, legt die
 rechte hand angewinkelt an den mund und singt; die augen hält er
 geschlossen. sein lied beginnt elegisch und findet über ein tremolo den
 schluß in leisen tönen.
«danke», sagt der araber und verneigt sich.

mensch und tier

das kind begleitet tante zinat zum einkaufen, froh, die großmutter für
eine weile los zu sein.

nahe der weißen brücke, am flußufer entlang, kehren sie nach hause
zurück.

das kind sieht büffel.

gemächlich bewegen sie sich am wasser, schnuppern herum und geben
keinen laut von sich.

sie beachten nicht die araberfrauen, die hinter ihnen herstolzieren.

auch die frauen bleiben stumm, als hätten sie angst, ihre stimme würde
die tiere verstören.

mit holzschaufeln sammeln sie die fladen.

tante zinat sagt:

«die fladen kauft deine großmutter und scheuert damit die zinnschüs-
seln. sie glaubt, das sei das beste mittel.»

sie bleibt stehen, zieht den schleier enger um sich und kichert:

«sieh, da läuft der mensch hinter dem tier her.»

der ortsheilige

«mein kind erstickt an der eigenen zunge», kreischt großmutter.
baba schazad steckt es zwischen seine beine, greift ihm in den mund und
    befreit die zunge.
das kind beißt und schlägt um sich, bis der anfall vorüber ist.
bei einem anderen anfall rutscht das kind ins bassin, sieht von unten
    kreise. sie ziehen sich über seinem kopf zusammen, bis die ordonanz
    es aus dem wasser fischt.
vater bringt das kind zu einem militärarzt. der oberst untersucht es lange.
«herr leutnant, das ist kinder-epilepsie; sie legt sich mit den jahren.»
großmutter schimpft auf die ärzte und bringt das kind zum heiligen von
    ahwas.
das kind hat angst und tobt, bis tante zinat mitgeht.
bei der schwarzen brücke bleibt sie stehen. das kind schaut hinauf und
    freut sich auf die züge, die über seinen kopf rasen.
vor dem betreten des hofes muß auch das kind die schuhe ausziehen;
    das gefällt ihm.
großmutter nimmt münzen in die hand, schließt sie zur faust und kreist
    sie dreimal um den kopf des kindes. sie verteilt die münzen unter die
    bereits wartenden bettler und mahnt sie, für dieses kind zu beten.
die mächtige platane blinzelt das kind an. auch sie ist heilig. an ihren
    ästen haben pilger stoffetzen befestigt für ihre wünsche.

der putsch, 19. august 1953

das kind begleitet tante zinat zum einkaufen; sie nörgelt nicht und neigt
nicht zu befehlen. die stadt ist lebendig, die luft heiß. plötzlich
schüsse, schreie, fliehende passanten, quietschende autoreifen. ein
gemüsehändler läßt gerade die rolläden seines geschäfts runter. tante
zinat klopft an und schreit: «haben sie erbarmen mit dem kind!»
er zieht die rolläden wieder hoch, winkt und weist auf den platz hinter der
theke. dort legt sich tante zinat mit ihrem schwarzen schleier über das
kind und flüstert.
das kind versteht weder von den lauten ereignissen draußen etwas noch
von den leisen tröstungen nah an seinem ohr. es beobachtet eine
ameisenkolonne, die ungeachtet des putsches ihre beute heimträgt.
irgendwann kriecht der gemüsehändler unter den halbgeöffneten
rolläden hinaus, hält ausschau und vermeldet, die straße sei ruhig.
«gott möge es ihnen vergelten», sagt tante zinat, nimmt das kind bei der
hand und eilt nach hause. hier tobt großmutter, sie habe schon
befürchtet, das kind sei totgeschossen worden.
am abend erscheint der vater, die pistole am gurt, die linke hand in gips.
er sei gefallen, als er aus dem militärjeep aussteigen wollte, der gegen
demonstranten vorging. die armee habe alles im griff, die stadt sei
ruhig; dennoch sollte das kind nicht hinausgehen.
die nächsten tage kommt er nur für eine stunde, schaut nach dem
rechten, beruhigt uns und geht; immer die pistole am gurt.

keine zeitungen

nach einigen tagen kommt vater mittags nach hause.

er legt die pistole ab und sagt, er wolle nicht essen, nur schlafen.

den ganzen tag bleibt er im pyjama und stumm. er geht im patio umher.

einmal bleibt er vor der palme stehen und streichelt ihren stamm.

gegen 17 uhr klopft jemand an die tür. es ist der alte mann, der die

abendzeitung bringt. zu jeder jahreszeit trägt er eine schwarze weste

und eine wollmütze.

vater ruft die ordonanz und befiehlt, er wolle keine zeitungen mehr.

es dauert lange, bis das kind den grund erfährt.

die armee hat gesiegt und rechnet nun mit den gegnern ab. die zeitung ist

voller fotos der verhafteten offiziere.

vater kennt die meisten seit dem 15. lebensjahr von der kadettenschule. er

will nicht die fotos seiner kameraden sehen, die bald hingerichtet

werden.

die ganze zeile der didebanstraße ist von offizieren bewohnt. nun

verschwinden sie einzeln.

niemand spricht von ihnen. vater reagiert auf die fragen seiner mutter

ausweichend.

herr maraschi

einmal im monat nimmt vater das kind bei der hand und geht zu herrn
maraschi. er ist der hausbesitzer, die ganze zeile der didebanstraße
gehört ihm.
herr maraschi sitzt auf einer kleinen matratze im «serdab», einem
gewölbten kellerraum, dessen vergitterte fenster in den hof gehen.
der keller ist mit dem dach verbunden durch luftschächte, die jeden
windzug aufnehmen. der raum ist für gewöhnlich voller menschen.
sie sprechen mit ihm oder unterhalten sich untereinander.
beim eintritt salutiert der vater. herr maraschi steht auf, grüßt herrn
leutnant und bietet ihm einen platz neben sich an. er streichelt dem
kind über den kopf und fragt nach seinem namen
– jeden monat. dann überreicht ihm vater die miete.
der hausbesitzer zählt die scheine zweimal laut und steckt sie unter seine
sitzmatratze.
erst dann bestellt er tee. für gewöhnlich steht vater nach dem tee auf.
heute bittet der hausbesitzer herrn leutnant, doch noch einen moment zu
bleiben. vor aller augen spricht er dann von unserem nachbarn.
«sie wissen, daß herr major in die sowjetunion geflüchtet ist.»
die anwesenden verstummen.
ob herr leutnant so freundlich ist, seiner frau die kündigung zu bringen.
vater räuspert sich. dann spricht er lange. das kind versteht kaum etwas,
sieht aber am ende seine energische handbewegung.

das kamel

der große platz hinter dem friedhof ist voll besetzt.

die menschen sitzen im kreis und unterhalten sich.

das kind, zwischen großmutter und tante zinat, weiß nicht, worauf sie
    warten.

dann johlt die menge.

ein mann treibt sein tier in die mitte des platzes. würdig kaut das kamel
    das alfagras, als wären die zuschauer gar nicht vorhanden.

der besitzer läßt es stehen und macht eine runde.

die menge schweigt und hört zu.

der mann kehrt zurück und legt dem tier eine kette um den hals.

die blauen glaskugeln kennt das kind – sie sollen gegen den bösen blick
    helfen.

das kamel wird unruhig. als hätten die kugeln eine botschaft.

das tier verweigert das wasser und scharrt mit den füßen.

und schon steckt die kurze lanze in seinem hals.

sein schrei ist lang, sehr lang.

das kind versteckt sich unter dem schleier von tante zinat.

das opfertier wankt, verdreht die augen, geht in die knie und legt
    den kopf auf die erde – sie ist nun voller blut.

der besitzer hebt die hände, die menge applaudiert.

großmutter sagt, das fleisch werde hinterher unter den armen verteilt.

tante zinat schluchzt und murmelt:

«auch ein kamel ist ein sklave gottes.»

fortgeflogen

das kind ist oft krank; zumindest meint das die großmutter.

dann wird es im vaterzimmer hingelegt und gut zugedeckt.

wenn das fieber in ihm summt, verändert sich die logik des raums.

es öffnet die türfenster, geht auf zehenspitzen zu seiner palme und
   klettert sie hoch.

von der baumkrone fliegt das kind hinauf.

es bleibt im himmel stehen – wie ein pirol sich in der luft hält –

ohne zu flattern.

dann schwebt es über die didebanstraße, gelangt zu den flachdächern auf
   der anderen seite.

von dort betrachtet das kind das haus, seine palme.

in den klaren nächten fliegt es sogar zu den sternen.

das kind fliegt fort – wann immer es nötig ist.

beschneidung

großmutter schrubbt den plastiküberzug des bettes mit watte und
    alkohol.

vater streichelt dem kind über den kopf, bevor er mit seiner mutter
    hinausgeht.

der arzt wird von seiner frau unterstützt, klein, schwarzhaarig mit einer
    brille.

sie sprechen miteinander französisch.

ein stich, und schon redet sie auf das kind ein.

das kind starrt an die decke und fühlt, wie der arzt da unten etwas tut. sie
    fragt, was zwei plus zwei sei. das kind malt die zahlen in die luft und
    antwortet. für jede antwort wird das kind gestreichelt. nach der dritten
    antwort sagt sie, das kind habe nun einen «prix» verdient.

das kind kennt das wort nicht, schreibt es in die luft, um es sich zu
    merken.

jetzt spricht auch der arzt, dies sei ein braves kind, es hat nicht geweint.
    seine frau beugt sich herab und küßt dem kind die augen.

vater erscheint, auch er spricht französisch mit beiden.

«herr leutnant, ihr sohn hat einen ‹prix› verdient, er war sehr brav.»

vater trägt das kind auf den armen nach hause. als es aufwacht, kommt
    großmutter mit einem mädchenrock. hosen seien eng, und der stoff
    reibe an den wunden.

das kind trägt den rock und tritt vor die tür. dort warten die nachbarkin-
    der schon.

«mademoiselle, mademoiselle!» schreien sie im chor und schlagen
    rhythmisch in die hände.

das kind kehrt ins haus zurück und sucht sich eine ecke. es verläßt das
    haus nicht mehr, bis es wieder hosen tragen darf.

einschulung

das kind ist fünf und wird mit einer sondergenehmigung eingeschult.
eine graue uniform mit kurzen hosen wird besorgt.
vater sagt, daß alle schulkinder des landes die gleiche uniform tragen.
großmutter näht druckknöpfe an den kragen; ein weißer überkragen
   kommt daran. dieser wird jeden morgen auf sauberkeit überprüft.
vater bringt das kind hin und übergibt es dem direktor.
alle kinder mit geschorenen köpfen, kahl wie melonen, wegen der läuse.
die sitzordnung richtet sich nach der körpergröße.
das kind sitzt in der ersten reihe.
die lehrerin betritt die klasse und ruft: «aufstehen!»
sie legt das klassenbuch auf den tisch und tritt an die erste reihe:
«wie heißt du?»
das kind antwortet: «ich ...»
eine ohrfeige unterbricht alles.
«hier gibt es kein ich, sondern nur wir. verstanden?»
«ja, frau lehrerin ...»

erste lehrerin

sie ist klein, rund, spricht schnell mit einer schrillen stimme.
jeden morgen müssen die kinder beide hände vorstrecken. frau lehrerin
prüft die sauberkeit.
trauerränder duldet sie nicht. dann schlägt sie mit dem lineal auf die
handrücken.
eines tages läßt sie eine ganze seite abschreiben und befiehlt schweigen,
dann setzt sie sich an den tisch und legt den kopf auf die hände.
stumm schreiben die kinder ab.
ein tintenfaß fällt auf den boden; doch die lehrerin reagiert nicht.
einer geht vor und streichelt ihren ärmel. er stellt sich hinter sie
und zieht grimassen.
die klasse kreischt.
er streichelt ihr haar und zieht daran.
plötzlich fällt sie vom stuhl, tobt, eine gelbe flüssigkeit trieft ihr aus dem
mund.
alle rennen aus dem klassenzimmer.
der direktor kommt und schickt alle kinder heim.
zum ersten mal geht das kind alleine nach hause und glaubt sich schon
erwachsen.
zu hause wütet großmutter: «mein kind könnte ja unterwegs entführt
werden.»

ritualmord

die schule ist nicht weit, das kind will allein hingehen.

großmutter wittert gefahr.

juden könnten das kind unterwegs entführen. bald liegt es dann auf
einem erhöhten bett, umringt von juden in ihren kaftanen.

jeder steckt eine nadel in den leib des kindes, bis das blut fließt.

juden brauchen das blut für ihr ungesäuertes brot.

das kind will allein in die schule gehen.

schließlich entscheidet großmutter:

die ordonanz begleitet es, darf aber das kind nicht berühren.

natan

das kind sitzt in der schulbank neben natan. nach der schlußglocke
gehen sie hand in hand weg, natan ohne schuhe; die ordonanz im
nacken.
beim abschied küssen sich die kinder, und natan rennt nach hause.
eines tages erwischt vater die kinder vor dem haus. er fragt den sohn,
warum er seinen freund nicht mal zum essen einlädt. das kind blickt
hinüber, natan zwinkert.
am nächsten tag klopft das kind eigenhändig an die tür.
großmutter öffnet und beäugt den gast. vater begrüßt ihn mit namen.
großmutter erschrickt und befiehlt den kindern, sich erst die hände zu
waschen.
vor dem wasserhahn geht natan in die hocke, wäscht sich die hände und
auch das gesicht. er bespritzt seinen freund mit wasser. großmutter
kreischt und verbietet dem gast solche scherze.
er trocknet die hände, dann das gesicht. halbverdeckt durch das handtuch hebt er die augenbrauen und deutet auf großmutter.
die hände des kindes werden von der großmutter persönlich gewaschen
und mit einem anderen handtuch abgetrocknet.
beim essen scherzt vater. natan kichert und gibt seinem freund püffe in
die seite.
als die ordonanz abräumt, ruft großmutter, er solle natans teller
getrennt spülen. vater bestellt noch tee für natan und seinen freund.
die kinder schlürfen ihn laut und lachen.

eine frau für den vater

sie trägt einen weißen schleier mit blauen punkten. großmutter und
    tante zinat tragen einen schwarzen.
zakie grüßt laut, lacht und küßt alle, als kenne sie sie längst. sie setzt sich
    in den schatten der mauer und nimmt das kind auf den schoß.
das kind findet sie häßlich. doch sie lacht und zeigt den goldzahn. wenn
    zakie lacht, kommt bewegung in ihr gesicht, falten und linien
    erscheinen. sie spricht mit vater aserbaijanisch –
die melodie der sprache fängt das kind ein. großmutter wütet, weil sie
    nichts versteht.
zakie drückt das kind an ihre brüste. sie sind weich und riechen nach
    schweiß und rauch.
sie raucht fünf zigaretten am tag. samt einem mundstück aus holz liegen
    sie in einem silberetui.
zakie schließt die augen, atmet den rauch ein und behält ihn für eine
    weile, bevor sie ausatmet. während sie raucht, darf sie das kind nicht
    auf den schoß nehmen – großmutter ist besorgt um seine gesundheit.
    dafür blinzelt das kind zakie an, sie zwinkert mit einem auge und
    lächelt.
aus tabris hat zakie auch süßigkeiten mitgebracht. die stadt liegt am
    anderen ende des landes, drei tagereisen mit der eisenbahn nach
    norden.
großmutter fragt, ob der vater die religiösen gesetze einhalten will. am
    nachmittag gehen vater und zakie zu einem amt. sie kommen zurück
    und sind für eine bestimmte zeit verheiratet.
zakie bleibt lange und lacht immer schöner für das kind.

der vogel

das küken fällt auf die pflastersteine des patios und verletzt seinen fuß –
    das kind will es haben.
ein spatz sei ein dreckfresser, daher schmutzig, urteilt großmutter.
das kind weint, schreit und tobt. sie befürchtet einen anfall und gibt
    nach.
tante zinat verreibt eigelb auf dem verletzten fuß und verbindet ihn mit
    gaze.
das kind bringt eine schale wasser, der vogel trinkt langsam. dann
    bekommt er körner.
die ordonanz schlägt einen nagel oben in die mauer. das kind legt sein
    küken in einen drahtkorb. er wird hochgehängt – unerreichbar für jede
    katze. nachts schläft das kind nahe der mauer.
täglich wechselt tante zinat den verband.
nach einigen tagen hüpft der spatz – begleitet von seinem kind – über die
    pflastersteine ins zimmer. dort steht großmutter auf einem hocker und
    putzt die nischen in der wand. sie will den dreckfresser verscheuchen,
    verliert das gleichgewicht, fällt auf den vogel und erdrückt ihn.
das kind tobt und geht auf sie los. die ordonanz greift ein und trägt es
    fort. in der luft schlägt das kind nach allen seiten und spuckt.
still beseitigt tante zinat die reste des freundes.
am abend hört vater die geschichte und nimmt das kind in die arme. es
    reißt sich los, tobt und schreit – bis in die nacht.
vater steht von seinem bett auf und prügelt das kind. tante zinat wirft sich
    ihm vor die füße und bittet um gnade.
am nächsten tag erscheint vater mit einem roten ball. das kind wirft ihn
    fort, spuckt hinterher und spricht tagelang nicht.

ahmad

vater kommt mit einem einfachen soldaten nach hause.

ahmad ist groß, kräftig gebaut und hat ein offenes gesicht.

der soldat salutiert in aller form vor der großmutter und stellt sich vor.

dann entdeckt er das kind, geht in die hocke, streckt seinen arm aus und
  fragt, ob das kind auf seine riesige hand steigen will. langsam steht er
  auf und wirft es in die luft, fängt es auf einer handfläche auf und lacht
  schallend.

«ahmad, bitte, das ist mein einziger sohn.»

«halten sie den mund, herr leutnant!» dann fragt er, ob das kind wieder
  fliegen will.

das kind jubiliert.

er bleibt zum mittagessen, nimmt sich große portionen reis und
  verkündet:

«herr leutnant, ich bin der gast, sie essen heute nichts.»

«wie der herr rekrut befehlen», antwortet vater.

das kind erobert sich einen platz neben dem gast.

nach dem essen verspricht er:

«ich komme heute abend wieder und gehe mit dir fort. wir gehen ins
  grandhotel. dort gibt es limonade. manchmal findet man unter dem
  deckel etwas besonderes. du weißt, was ich meine.»

das kind liebt die abendstunde im garten des grandhotels, die limonade
  und die murmeln unter dem verschluß.

in einem münchner café spricht ahmad

ich war nicht einmal in teheran, als dein vater starb, und du warst hier.
und jahre nach seinem tod fragst du nun, was er für ein mensch war?
ich war nur zehn jahre jünger, als ich als rekrut eingezogen wurde;
    dein vater war mein offizier.
bald wurden wir freunde.
kurz darauf wurde er zum militärgeheimdienst gerufen.
«dein freund ist kommunist.»
am tag darauf nahm er mich mit zu einem spaziergang.
«du, hurensohn, warum hast du es mir nicht selbst erzählt?»
es war kurz nach dem putsch 1953. reihenweise wurden kommunistische
    offiziere verhaftet, mit denen dein vater die jahre der kadettenschule
    und der militärakademie geteilt hatte.
«der geheimdienst wünschte mich als staatsanwalt bei den
    bevorstehenden prozessen.»
er hat sich herausgeredet, er sei juristisch nicht gebildet und sei auch
    nie politisch gewesen.
man habe ihm angedeutet, seine weigerung sei nicht gerade günstig für
    seine beförderung.
dein vater weinte, damals auf der weißen brücke, und murmelte dann die
    marseillaise.
«herr leutnant, ich bin kommunist, mein lied ist die internationale.»
er blieb stehen und lachte:
«dieses mal mußt du mit der marseillaise vorliebnehmen!»

ein traum mit vater

am 21. märz ist neujahr. in seiner not überschreitet das kind den stachel-
draht, es will den tag zu hause verbringen.

das kind sitzt mit mama charmante auf der terrasse und schaut in die
abenddämmerung.

plötzlich fragt sie, ob das kind wisse, wie sein vater gestorben sei? die
geschichte mit dem herzinfarkt sei erfunden worden, um das kind zu
beschwichtigen.

«es war am 21. märz 1972. mein bruder wohnte damals nicht weit von mir.
mit der dienstwaffe in der hand und blut an seiner schläfe setzte er sich
zu mir und erzählte, daß er sich aus verzweiflung eine kugel in den
kopf geschossen habe. der savak – der geheimdienst seiner majestät –
habe ihn wegen der aktivitäten seines sohnes im ausland unter druck
gesetzt.

man verlangte, daß er sich öffentlich von seinem sohn distanziere. am
schluß konnte er diesen druck nicht mehr aushalten.»

hier schweigt mama charmante und schluchzt.

das kind steht auf und umarmt seine tante.

«mama charmante, vater ist am 1. mai 1972 am herzinfarkt gestorben.»

sie wehrt seine umarmung ab:

«was weißt du denn von deinem vater?»

die palme

vor dem türfenster steht eine palme für das kind.

der stamm wird ständig gestutzt. die stümpfe bilden eine treppe. das
kind klettert hinauf, den rücken an die mauer gelehnt, die füße auf die
stümpfe gestemmt, übt es das pfeifen – bis es ihm gelingt. fortan ist
das sein baum.

eines tages kommt ein araber mit palmenzweigen in der hand. sein
schnurrbart vertreibt das kind. der araber verlangt wasser. er trinkt
einen schluck aus der porzellanschüssel und blcibt stehen, als warte er
auf etwas. dann geht er um die palme und begießt den stamm von
allen seiten. die zeremonie lockt das kind an.

der araber ermahnt das kind: es solle nicht an den baum pinkeln. dann ist
die palme beleidigt –

nichts kann sie mehr aussöhnen.

er breitet auf dem pflasterstein ein tuch aus, schüttelt die zweige, bis die
pollen abfallen. das tuch verknotet er und bindet es um seine taille. er
klettert den baum hinauf. oben öffnet er das tuch und verstreut die
pollen auf die weiblichen narben.

als er wieder unten ist, betrachtet er seinen baum und singt ein lied mit
seiner verkratzten stimme. das kind nähert sich, bis der araber seine
gelben zähne zeigt.

nach der arbeit bekommt er seinen tee. großmutter entfernt das kind. der
gast soll in ruhe seinen tee genießen. der araber geht in die hocke,
lehnt sich an die mauer und schlürft seinen tee aus der untertasse.
dazu nimmt er zuckerklumpen in den mund.

bevor er das haus verlässt, verabschiedet er sich von seiner palme. er
streichelt mit der innenfläche seiner hand den stamm und streicht mit
dieser hand über das ganze gesicht.

die gazelle

vater bringt ein gazellenkitz. er trägt es auf den armen, wie er seinen sohn
    trägt.

«du kannst es ruhig berühren.»

zögerlich faßt das kind hin. das tier dreht den kopf. seine blicke treffen
    das kind.

«das ist ein geschenk von einem beduinen, weil sein sohn vom militär-
    dienst befreit wurde», sagt vater und setzt das bambi ab. unsicher steht
    das tier auf den pflastersteinen.

«es fremdelt, bleib in seiner nähe!»

«wie heißt es?», fragt das kind.

«du kannst ihm einen namen geben.»

das kind wirft seinem freund grasbüschel vor die füße. hernach begleitet
    das tier sein kind zu der palme und schreitet ins zimmer. vater beruhigt
    großmutter, die wieder vom schmutz spricht. das kind schließt die
    fenstertür. hinter der glasscheibe steht das tier allein mit seinem blick.

vater öffnet die tür, die ordonanz bringt wasser. das kind übernimmt das
    amt persönlich und setzt die schale auf den boden.

in den nächsten tagen spricht das kind nur mit seinem bambi.

bald aber rutscht das bambi auf den pflastersteinen aus. dort liegt es,
    macht keinen mucks und blickt umher. vater faßt das bein an, spricht
    mit tante zinat in der geheimsprache, nimmt es auf die arme und geht
    hinaus.

das kind versteht nichts, schreit nicht, weint nicht.

trachom

vater und das kind schlafen auf dem flachdach, ohne moskitonetz,
   großmutter und tante zinat unten.
um fünf uhr, wenn vater zur arbeit geht, trägt er seinen sohn auf den
   armen hinunter. selten wacht das kind dabei auf. und wenn, flüstert
   der vater einige wörter, und es schläft sofort weiter.
als das kind später aufwacht, kann es die augen nicht öffnen. seine augen
   verströmen eine flüssigkeit; die verklebt die lider. das kind schreit, es
   hat angst, daß es blind ist.
großmutter kommt mit kamillentee, sie tunkt die wattestäbchen in den
   lauen tee und wäscht die augenlider, bis das kind die augen öffnen
   kann.
großmutter besteht darauf, daß das kind zum arzt gebracht wird.
gegen abend, als die luft milde ist, nimmt vater das kind bei der hand und
   verläßt das haus. er verspricht einen spaziergang und noch etwas.
«herr leutnant, die krankheit ist im süden verbreitet. staub ist ihr vater
   und die hitze die mutter.» der arzt tröpfelt eine flüssigkeit in die augen
   des kindes. sie brennt gar nicht und verschafft kühle.
der arzt gibt dem vater die kleine flasche: «in einigen wochen ist alles
   gut.» draußen will das kind die medikamentenflasche tragen.
vater hält wort und bringt seinen sohn in den garten des grandhotels.
das kind hält sein medikament fest in der hand und wartet auf seine
   limonade.

stecknadeln

das kind wacht gar nicht auf, als vater sich eilig anzieht, tante zinat in
   ihren schwarzen schleier wickelt und aus dem haus trägt – es muß sehr
   früh gewesen sein.
jahre später erfährt das kind davon.
wieder hat großmutter streit mit ihrer halbschwester und demütigt sie vor
   den augen der ordonanz.
wieder antwortet tante zinat nicht, als hätte sie angst, die worte würden
   sie selbst verletzen –
in der nacht schluckt sie eine handvoll stecknadeln.
tante zinat bleibt lange im krankenhaus. großmutter besucht sie dort
   nicht:
«ich bin mir keiner schuld bewußt.»
als der vater tante zinat schließlich abholt, öffnet die großmutter die tür,
   blickt beiseite und begrüßt sie: «seien sie willkommen in ihrem
   eigenen haus!»
tante zinat setzt sich neben der tür hin, wischt mit dem zipfel des
   kopftuchs die augen und nimmt das kind auf den schoß.
das kind schmiegt sich an ihren körper und atmet den geruch.

beduinen

die militärpolizei ergreift sie auf den straßen oder in ihren siedlungen.

20jährige männer, die nie schuhe getragen haben, müssen nun ihre füße in militärstiefel zwängen. mit wunden füßen irren sie in der kaserne umher und sprechen nicht einmal persisch. den offizieren ist verboten, arabisch zu sprechen.

den sinn des kasernendrills begreifen die soldaten ohnehin nicht.

«herr leutnant, ich muß dorthin. ob ich den marsch mit dem linken fuß beginne oder mit dem rechten; wo ist der unterschied?»

vater gesteht, daß er auf die frage keine antwort hat.

ausgerechnet einem beduinen muß er den umgang mit dem kompaß beibringen. nach tagelangen erklärungen behauptet der beduine, er könne jetzt mit dem gerät umgehen.

vater gibt ihm den kompaß in die hand und will wissen, in welcher richtung teheran liegt.

ohne den kompaß zu beachten, blickt der mann zum himmel hinauf, hinab zu seinem eigenen schatten – und zeigt in die richtige richtung.

«das schlimmste ist das wöchentliche bad», sagt der vater. er weiß, daß die araber im fluß baden, ungeachtet der haie.

ein unteroffizier begleitet eine gruppe von neun personen. er zieht sich aus, geht unter die dusche und dreht den wasserhahn auf.

halbnackt nimmt die gruppe reißaus:

«weg, jungs, hier kommt aus eisen wasser.»

der zahnarzt

ein milchzahn ist locker, er schmerzt nicht, aber das kind will ihn
 loswerden.
vater nimmt das kind bei der hand und schlendert über die
 pahlawi-avenue. in jeder stadt des landes ist die pracht-avenue
 nach seiner majestät benannt.
der zahnarzt steht vor seiner praxis und betrachtet die welt,
 den weißen kittel über der uniform.
er salutiert und stellt sich vor.
der arzt setzt das kind auf den behandlungsstuhl.
«und du willst mir deinen zahn schenken?»
das kind nickt und öffnet den mund.
mit einem griff zieht der arzt den unschuldszahn.
«willst du ihn mitnehmen?»
wieder nickt das kind.
vater greift in seine tasche.
«aber ich bitte sie, herr leutnant.»
vater gibt ihm seine visitenkarte und umarmt ihn.
der arzt begleitet die beiden hinaus, salutiert, lehnt sich an seine tür
 und schaut in den abend.

das bad

das kind steht auf der weißen brücke, schaut hinab und hält die hand des
    vaters fest –
gegen die haie.
der karun ist schiffbar. kleine dampfer bringen waren bis zum persischen
    golf, selten auch passagiere.
in ihren langen gewändern treiben araberinnen die büffel vor sich her. die
    fußreifen, meist silbern, geben ihrem gang einen takt.
auf dem kopf balancieren sie töpfe, schwarz wie ihre kleider. sie geben
    den frauen einen eigenen gang – ein blickfang für männer. doch keiner
    traut sich eine annäherung. die araberinnen können sich verteidigen
    und dabei auch handgreiflich werden.
sie verkaufen milchprodukte. ihre männer sitzen zu hause, meist in ihren
    zelten aus dattelzweigen, schwatzen und erledigen häusliche arbeiten.
die frauen setzen die töpfe ab und treiben die büffel ins wasser. sie
    beschnuppern das wasser, schlabbern, lassen sich nieder und bilden
    einen halbkreis. erst jetzt betreten die frauen den fluß. haie meiden
    büffel, glauben die araber.
mit jedem schritt ins wasser heben sie das kleid ein stück, ohne den
    körper dem blick der passanten preiszugeben. sie sitzen bis zum hals
    im wasser, werfen das kleid ans ufer, wo eine von ihnen wache hält.
sie lachen, schreien und waschen sich.

der mörder

früh wird das kind von großmutter geweckt und zu einem platz nahe der
weißen brücke gebracht. tante zinat will nicht dabeisein.

viele sind früher gekommen, um einen guten platz zu ergattern. händler
verkaufen tee und süßigkeiten.

die menge unterhält sich, kinder spielen herum. großmutter hält das
kind fest, damit es nicht mit anderen spielt.

«er hat ein junges mädchen vergewaltigt und getötet.»

der mörder erscheint, schreitet zügig in die mitte des platzes und lacht.

der polizeioffizier fragt nach seinem letzten wunsch. unter dem galgen
schüttelt er seine bewacher ab und singt ein liebeslied. die menschen
applaudieren. junge frauen schluchzen und schlagen sich auf die
brüste.

großmutter weint nicht: «er ist ja ein mörder.»

als er dann vom galgen baumelt, johlt die menge auf, kinder schreien.
frauen trocknen ihre tränen. männer stehen auf und werfen dem
gehenkten münzen zu füßen.

«das geld ist für den henker, da er wenig verdient», antwortet großmutter
auf die frage des kindes.

das bad mit der großmutter

großmutter liebt die sauberkeit und das kind.

im öffentlichen bad wäscht sie den liegeplatz mit permanganat, bevor sie
    das kind hinsetzt.

dann schrubbt sie es. kein einziger millimeter seiner haut wird verschont.
    bis es schreit und um sich schlägt.

als das kind zu hause ankommt mit der geröteten haut, findet es trost
    unter dem schleier von tante zinat. sie nimmt das kind auf den schoß
    und schirmt es ab mit ihrem schleier. hier kann das kind endlich
    ausheulen.

dann, in der nacht, trotzt das kind gegen sauberkeit und erniedrigung.
    das kind liegt auf dem rücken, schweigt und sucht zwischen den
    sternen.

im neunten lebensjahr kommt die befreiung. der bademeister entschei-
    det, der junge sei nun mannbar; er solle fortan mit seinem vater
    kommen.

eine stunde mehr mit dem vater.

die taufe

auf der silberschmied-zeile ist es laut.

die handwerker tragen einen turban, einen vollbart und sprechen eine
  andere sprache.

tante zinat weiß nichts von ihnen.

wochen später nimmt vater das kind mit zu einer zeremonie.

sie stehen auf der weißen brücke, drunter männer wie frauen in weißen
  gewändern.

«die religion der sabäer ist älter als unsere», sagt vater.

sie folgen dem priester ins wasser.

«sie verbindet die juden mit den christen. ihre religion verlangt,
  daß sie zum euphrat pilgern.

das ist der große fluß im irak. sie dürfen das land verlassen und wieder-
  kommen.»

der priester drückt die köpfe ins wasser.

«ihr prophet ist johannes der täufer, aber sie glauben auch an die sterne.»

als sie sich wieder aufrichten, singt die gemeinde ein lied.

«sprechen sie die silberschmied-sprache?»

vater lacht.

stolz erzählt das kind tante zinat von dieser sprache.

sie kichert: «nicht die goldschmied-sprache?»

die grenze

vater nimmt zwei tage frei und fährt nach abadan. 80 kilometer südlich,
am persischen golf. er will einen alten kameraden aus der kadettenschule treffen.
als er zurückkommt, hat er kein geschenk für das kind und ist mürrisch.
jahre später erzählt er von dieser fahrt.
die beiden freunde haben sich lange nicht gesehen. sie erzählen sich ihre
geschichten und trinken wodka.
irgendwann beschließt der freund:
«jetzt fahren wir mit einem motorboot nach basra. dort kenne ich ein
lokal mit einem exzellenten wodka.»
«das ist das staatsgebiet des irak. wir sind offiziere und dürfen das land
nicht verlassen.»
der freund beschwichtigt, er fahre oft hinüber, die kontrolle sei lasch.
vater gibt nach, und sie landen in basra.
dort verbringen sie die nacht. erst am tag darauf kehren sie nach iran
zurück.
zu hause geht vater zum geheimdienst und berichtet.
der oberst ist außer sich:
«als offizier müssen sie doch wissen, daß sie nicht einmal in eine andere
stadt fahren dürfen, ohne sich vorher abzumelden. und sie überqueren
illegal die staatsgrenze?»
schließlich kommt vater mit einer rüge davon und einem vermerk in
seiner akte.

neujahrsfest

vater will das neujahrsfest in teheran verbringen.

«du siehst dann deine cousine und den cousin.»

das kind freut sich nicht, es hat kaum eine erinnerung an die beiden.

in teheran fremdeln die kinder erst. doch dann kommen die neujahrs-
geschenke, sie zeigen sie sich gegenseitig. nach langen gesprächen und
kämpfen tauschen sie die geschenke auch aus.

dann kommt die rückfahrt. früh am morgen im teheraner bahnhof.

«deutsche ingenieure haben den bahnhof gebaut», sagt vater und zeigt
nach oben. unter den kuppeln stehen hakenkreuze.

während der fahrt unterhält vater die anderen fahrgäste. das kind sitzt auf
dem schoß von tante zinat, schaut zum fenster hinaus und verschluckt
die landschaft mit blicken. sein vergnügen wird oft unterbrochen.
großmutter will, daß das kind birnen ißt. «das ist gesund und gegen
die verstopfung.»

in der morgendämmerung des nächsten tages hält der zug in einer
kleinen stadt an.

großmutter bringt das kind zu einem wasserhahn auf dem bahnhof. «du
wäschst das gesicht.»

das wasser ist kalt, das kind liebt es und will davon trinken. großmutter
verbietet es: «das wasser in einer fremden stadt kann schmutzig sein»,
bis vater einschreitet. das kind bückt sich, bildet aus seiner handfläche
eine schale und genießt das wasser.

der zug hat einen langen aufenthalt, doch das kind darf nicht herumhüp-
fen, es könnte ja verlorengehen in der menschenmenge. das bahnhofs-
gebäude ist umzäunt von pappeln mit ihren weißen stämmen – lautlos
kommen sie näher und begrüßen das kind.

vater sagt, hier wird der winter hart, hier gibt es viel schnee.

das kind kennt den schnee nicht.

die hitze

gegen mittag kommt der zug in ahwas an.
im taxi wird dem kind übel. der taxifahrer hält. das kind kotzt am
straßenrand. sein kopf in der hand von tante zinat.
«es ist die hitze des südens, in teheran war ihm nie übel.»
dennoch, das haus heißt das kind willkommen.
aber es darf nicht im patio spielen und muß sich im kühlen zimmer
ausruhen.
am abend erzählt vater von der hitze.
«neulich ist ein verkehrspolizist unter der sonne durchgedreht und hat die
autos aus allen vier richtungen angehalten, bis ein polizeioffizier
eingriff.»
dann scherzt er mit seinem sohn:
«weißt du, wie man bei uns in ahwas spiegeleier macht?»
das kind schüttelt den kopf.
«man gießt öl auf die straße, schlägt die eier gegeneinander und wirft sie
auf den asphalt. und fertig sind die spiegeleier.»
dann verspricht er, am freitag seinen sohn ins offizierscasino
mitzunehmen.
«dort gibt es ein großes schwimmbecken.»
er setzt seinen sohn am rande des wassers ab, klettert zum sprungbrett
hinauf und hechtet von der höchsten stelle ins wasser.
alle klatschen in die hände und gratulieren dem kind.

ein dreckiger amerikaner

in abadan schlägt das herz des iranischen öls, dementsprechend wimmelt
es von amerikanischen technikern.

als vater zurückkommt, erzählt er, was ihm widerfahren ist.

er habe wie so oft seine uniform gegen zivile kleider getauscht und habe
eine moschee besucht. plötzlich stehe eine aufgebrachte menge vor
ihm, bewaffnet mit schlagstöcken.

«was will der amerikaner in unserer moschee?»

jetzt lacht vater:

«mein heller teint und die augenfarbe!»

er habe dann seinen offiziersausweis gezückt und die menge gebeten,
die militärpolizei zu benachrichtigen.

«der dreckige amerikaner spricht auch persisch», ruft jemand.

großmutter will wissen, was dann passiert sei.

«irgend jemand hat doch die militärpolizei gerufen, und der amerikaner
wurde gerettet.»

ein betender

freitag gegen dämmerung, noch wütet die sonne, noch sind die läden
geschlossen.
tante zinat hält das kind bei der hand und schleicht an den mauern
entlang.
in einer gasse sitzt ein araber auf den knien, seine schuhe vor sich an die
mauer gelehnt. er hält die hände vor die augen, als würde er aus ihnen
lesen; er murmelt.
«tante zinat, warum betet der mann hier?»
tante zinat verlangsamt die schritte.
«vielleicht hat er kein zuhause.»
das kind läßt nicht locker.
«und warum mit dem gesicht zur wand?»
tante zinat bleibt stehen.
«vielleicht will er nah zu seinem gott sein.»
der mann beugt sich, legt die stirn auf die erde, richtet sich auf und
fährt mit den händen über das gesicht. er will gerade aufstehen,
als tante zinat ihn anspricht:
«bruder, bete auch für uns.»
der araber schaut herüber.
«auf meine augen», sagt er mit seinem akzent, hält die hände vor das
gesicht und murmelt.

der pavian

schon aus der ferne hört das kind das kreischen.

am ende einer gasse stehen kinder in einem kreis und schreien.

das kind bettelt, bis großmutter nachgibt.

ein mann führt seinen pavian an einer langen kette vor. geschäftig und
schnatternd hüpft der affe herum.

der mann ruft: «wo ist der platz des freundes?»

der pavian zeigt mit der hand auf seine augen.

die kinder applaudieren.

«wo ist der platz des feindes?»

das tier deutet auf seinen roten hintern.

die kinder johlen, die erwachsenen lächeln, der affe bekommt seine
nüsse aus der hand des besitzers.

dann sitzt er auf seinem hintern, knackt die nüsse und betrachtet die
kinder.

großmutter erzählt:

«als ich ein junges mädchen war, erzählte man von einem mann und
seinem pavian. einmal im jahr wanderte er nach nadschaf, im irak,
zu dem heiligen ali. er band seinen pavian an dem hofgitter fest,
ging vor, spielte auf seiner trommel und sang:

‹ich will dich sehen und gehen.›

in einem jahr sang er:

‹ich will dich sehen und bleiben.›

in dieser nacht ist er gestorben.»

eine pilgerfahrt

vater will sich vom süden verabschieden.

die busfahrt dauert stunden. dem kind ist übel. tante zinat dreht tüten
aus zeitungspapier, das kind spuckt hinein. im gegenzug bekommt es
zitronensaft zu trinken. in susa ist das kind erschöpft, in einer pension
für pilger wird es ins bett gelegt.

in der früh, bevor die sonne wütet, gehen die pilger zum grab des
propheten daniel.

eine araberin in schwarzen kleidern geht voran, auf dem kopf ein bündel
holz.

«tante zinat, warum trägt sie holz?»

«das ist ihr geschenk für den propheten.»

von ferne ragt ein baum über die mauern herüber. tante zinat sagt, die
platane sei von dem jüdischen propheten gepflanzt worden.

der hof, groß, staubig, karg. gräber entlang der mauern. vater küßt
seinen zeigefinger und berührt dann die erde:

«ich grüße euch, ihr bewohner der erde.»

er drängt darauf, das kind aus der sonne zu nehmen. innen im schrein ist
es dunkel und kühl.

vater nimmt die mütze ab, kniet und neigt den kopf. tante zinat wiegt sich
vor und zurück. der singsang mündet in ein schluchzen. nach einer
weile beruhigt sich die betende. aus dem knoten in ihrem kopftuch
holt sie eine münze heraus und wirft sie durch das gitter.

auf dem rückweg entdeckt das kind neben dem eingang einen löwen.
ruhig sitzt er da und blickt zum propheten hinüber. der photograph
sagt, der prophet habe das tier gezähmt.

zögerlich nähert sich das kind und streichelt den löwen.

goethe

in teheran schläft das kind zwischen tante zinat und großmutter in einem
zimmer mit balkon auf den patio. links und rechts am bassin zwei
längliche blumenbeete, geranien, petunien, jasmin. jedes beet wird
von einer pappel bewacht.
eines tages bringt vater das kind in die schule.
«kannst du das straßenschild lesen?»
goethestraße.
das kind ist sieben jahre alt und weiß nicht, was oder wer goethe ist.
«er war ein großer deutscher dichter. ein bewunderer von unserem hafes.
er hat hafes sogar ein buch gewidmet.»
das kind kennt hafes.
vater wäscht erst die hände, bevor er seinen diwan berührt. er führt ihn
an den mund und küßt ihn, dann schlägt er den diwan auf und liest
vor.

salzsteine

in der zweiten klasse sitzt das kind in derselben bank mit einem schulkameraden mit dem familiennamen «salzig». der ganzen klasse nimmt
er die schmierblätter ab – für seinen vater.

er wohnt in der gasse. um zu hause licht zu sparen, geht der schulkamerad bei einbruch der dunkelheit auf die straße und setzt sich zum
lernen unter eine laterne.

an manchen tagen sieht das kind den vater.

er treibt seinen esel vor sich her.

«salzsteine, salzsteine», ruft er rhythmisch und laut. sein ruf zerreißt den
nachmittag und den schlaf der hausfrauen. manche gehen zur tür und
rufen dem mann nach. sie rennen durch den hof zurück, werfen einen
schleier über den kopf und erscheinen wieder –

beide hände voll mit trockenem brot.

sie flüstern mit dem salzverkäufer; die nachbarn müssen ja nicht alles
erfahren.

schließlich akzeptiert der mann das trockenbrot, steckt es in die rechte
satteltasche des esels, nimmt aus der linken einige salzsteine heraus,
wickelt sie in die schmierblätter des kindes ein und kehrt zur tür
zurück.

das kind ahnt nicht, daß eines tages das salz verpackt auf den markt
kommt. daß die marke eine werbung im fernsehen startet. daß die
musik dazu der «eroica» von ludwig van beethoven entliehen sein wird.

der wassermeister

in ahwas drehte das kind den wasserhahn auf und es kam fließendes
    wasser.
hier in teheran ist es anders.
heute kommt der wassermeister um fünf uhr in der früh.
«wasser kommt», hallt es im ganzen haus.
das kind wacht auf und geht mit dem cousin dem wassermeister
    entgegen.
er hat einen tankwagen voller wasser und er weiß, wieviel jedes haus
    bekommt. durch einen langen schlauch wird das wasser in den keller
    geleitet, der unter dem bassin liegt.
über dem keller ist eine handpumpe.
das wasser heraufzupumpen und in die küche zu bringen ist aufgabe der
    kinder. sie reißen sich um dieses amt.
vater erzählt, daß es oft schlägereien um wasser gibt, wenn der wasser-
    meister zu spät kommt.
dann muß man wasser auf der straße kaufen – zu anderen preisen.

jasmin und vaseline

mama rosa hat empfindliche hände und reibt sie mit vaseline ein –
europäische cremes sind teuer.
die kinder stehen sehr früh auf und rennen in den patio. sie wollen die
blumentöpfe retten –
bevor die sonne sie ihres duftes beraubt.
sie tragen sie in den keller, pflücken die jasminblüten, streuen sie auf die
vaseline und bedecken den topf mit einem teller.
am abend duftet die vaseline nach jasmin. die kinder reißen sich darum,
die hände von mama rosa einzureiben – sie wechseln sich ab.
mama rosa fragt das kind:
«erinnerst du dich? als wir in ahwas ausgingen, schriest du immer nach
meiner hand. ich hatte zwei hände für meine kinder. aber du wolltest
auch eine hand.»
das kind erinnert sich nicht.

«stadt europa»

der mann trägt einen apparat auf dem rücken, kommt in die gasse und
    ruft: «schahre farang, schahre farang», und schon heften sich kinder an
    seine fersen.
in der mitte der gasse stellt er seine laterna magica auf zwei metallbeinen
    auf.
drei gucklöcher ziehen die kinder an.
das kind eilt ins haus, erbettelt von tante zinat eine münze und läuft
    zurück.
mit mühe ergattert es ein guckloch, schaut hinein und sieht nur
    dunkelheit.
die bilder erscheinen erst, als sich die stimme des mannes erhebt.
das kind sieht europäische personen, koloriert, steif.
der mann erzählt zu den figuren eine geschichte, nein, er singt.
dabei dreht er an einem griff, und die bilder wechseln sich ab, die plätze
    wie auch die paare.
das kind genießt die bilder, die stimme des mannes ist nur begleitmusik.
nach einigen minuten ist alles vorbei, und schon drängen sich die
    nächsten kinder vor –
mit ihren geldstücken in der hand.
mittendrin ruft der mann wieder «schahre farang, schahre farang».
    neue kinder kommen, um die «stadt europa» zu bewundern.

eine taxifahrt

tante zinat steht mit dem kind am rande der straße und späht nach einem
    taxi.
ein wagen hält.
hinten sitzen vier männer, vorne eine frau in einem kurzen rock.
tante zinat zögert, der taxifahrer winkt.
die frau rückt weiter nach links zum taxifahrer.
tante zinat setzt sich neben sie hin und wickelt den schleier eng um den
    körper.
das kind geht um das auto herum und nimmt den platz links neben dem
    fahrer –
aber die tür geht nicht zu.
tante zinat protestiert leise, der taxifahrer beschwichtigt.
«junge, kannst du die tür festhalten?»
das kind nickt.
«sonst fliegen wir beide hinaus», lacht er und fährt los.

türklopfer

gegen dämmerung kommt das kind bei mama rosa an und klopft.

nach einer weile hört es schritte.

«das kann nur tante zinat sein mit ihrem wehen fuß», denkt es.

«wer ist da?»

sie fragt immer, bevor sie öffnet.

das kind verstellt seine stimme: «wir sind es, zwei fremde männer.»

«ach ja», dann lauter, «warte, ich habe keine strümpfe an.»

tante zinat und ihre strümpfe.

schließlich öffnet sie, nimmt das kind in die arme und schimpft vor sich
hin:

«früher hatten es frauen leichter. da gab es zwei verschiedene türklopfer
für männer und frauen mit verschiedenen geräuschen. so wußten wir
bescheid, ob wir den schleier über den kopf werfen müssen oder
nicht.»

abraham der sänger I

ein abendspaziergang im fastenmonat. dem kind scheint, alle menschen
  wären auf der straße.
manche geschäfte sind nachts offen. der besitzer schläft im laden oder
  auf dem gehsteig.
eine aufgebrachte menschenmenge vor einer moschee schlägt auf einen
  betrunkenen ein. sein hut liegt auf dem gehsteig.
«mein hut, wo ist mein hut», lallt der mann und wehrt sich kaum.
ein polizist erscheint: «was ist los?»
«im heiligen monat ist der lump betrunken in die moschee gegangen.
  man sollte ihn totschlagen», keift einer aus der menge.
der polizist entdeckt den vater: «herr oberst, was meinen sie, was soll ich
  tun?»
«er soll schwören, nie mehr in dem zustand eine moschee zu betreten.»
«worauf kann der schon schwören?» fragt einer der aufgebrachten.
die stimme des vaters ist ruhig: «auf den schnurrbart von ‹abraham der
  sänger›.»
der mann wacht auf, kommt näher, nimmt die hand des vaters und küßt
  sie:
«herr oberst, ich schwöre auf den schnurrbart von ‹abraham der sänger›.
  ich schwöre. mein hut, herr oberst, mein hut.»
vater nickt, der polizist gibt dem mann seinen hut, den er sofort aufsetzt.
«und sie wollen den lump gehenlassen?», meldet sich ein anderer.
der polizist zückt seinen schlagstock.
«willst du herrn oberst widersprechen?» und gibt dem betrunkenen einen
  tritt in den arsch:
«verschwinde, du esel!»
vater und sohn entfernen sich, verfolgt von schlimmen blicken.

abraham der sänger II

vaters schritte sind eilig, das kind kann kaum folgen.

zwei straßen weiter bleibt er stehen:

«ich glaube, du hast jetzt ein eis verdient.»

das kind kann nur nicken.

im café naderi fühlt es sich besser.

«baba, wer ist abraham der sänger?»

«das weißt du nicht mehr?»

das kind schüttelt den kopf.

«du hast ihn oft nachgemacht.»

das kind antwortet nicht, vater erzählt:

«er war ein teheraner messerstecher. wenn er betrunken war, sang er
besonders schön. eines tages verfolgt ihn die polizei. mitten auf der
straße bleibt er stehen, breitet die arme aus und singt. menschen
sammeln sich um ihn. tauben fliegen heran und setzen sich auf
seine hände.

die polizisten warten, bis er zu ende gesungen hat.»

das kind lauscht.

«ich bin abraham der sänger, ich bin gebürtig in teheran. das war sein
bekanntes lied. als du noch klein warst, hast du dieses lied oft
gesungen. die gäste waren begeistert und klatschten in die hände.
weißt du es nicht mehr?»

das kind fragt, wann der sänger lebte.

«lange, bevor du geboren wurdest.»

der deutsche haarschnitt

großmutter schleppt das kind zum friseur.
vor den augen der kundschaft säubert sie die schere und die schneide-
    maschine mit alkohol.
hier in teheran sind die friseure alle aus rascht. sie unterhalten sich in
    ihrem dialekt.
das kind versteht kein wort, weiß aber, daß sie sich lustig machen –
es verstummt.
großmutter ordnet trockenrasur an. «was weiß ich, wo euer wasser
    herkommt», schließlich befiehlt sie den deutschen schnitt.
sie hat in zeitschriften die frisur deutscher soldaten im krieg gesehen.
«kurz und sauber, das ist das richtige.»
das kind schweigt und beschäftigt sich mit zwei dingen, für die die
    friseure in teheran bekannt sind.
der knopfvorhang. die knöpfe sind auch aus metall. jedesmal, wenn ein
    kunde eintritt, gibt der vorhang eine eigenartige musik von sich.
dann die postkarten. friseure bitten ihre kundschaft, von überall
    postkarten zu schicken.
das ist ihr ganzer stolz.
die postkarten hängen am rande des spiegels und zeigen die marktplätze
    vieler städte.

das erste bad mit vater

irgendwann entscheidet der bademeister, das kind solle fortan mit dem
    vater kommen.
er rettet den neunjährigen vor der großmutter und ihrem sauberkeits-
    wahn.
im bad bekommen sie tücher, die sie um die hüfte binden; auch der bader
    trägt eins.
vater legt sich auf die steinerne bank. jetzt treibt ihm der bader den dreck
    aus den poren.
er scheuert die haut mit sandseife und einem roßhaarhandschuh und
    begießt sie anschließend mit heißem wasser.
dann übernimmt er das kind –
unter den wachsamen augen des vaters.
nach der sauberkeit kommt die massage.
der bader legt den vater auf den bauch und knetet die muskeln an seinem
    nacken, den schultern, dem rücken und den hüften, langsam und in
    kreisenden bewegungen.
vater stöhnt und dankt.
das kind darf nur zuschauen.
denn alle bader seien päderasten und warteten nur auf das kind –
wie großmutter weiß.

ein haar aus dem schnurrbart

ein schöner sommertag in der frühe.
das kind begleitet tante zinat zum basar. sie brechen früh auf,
    weil sie diverse dinge kaufen will – das schachern verlangt seine zeit.
sie nehmen die abkürzung durch die schah-moschee.
ein mann steht allein im großen hof, seine hände vor dem gesicht,
    und murmelt.
«tante zinat, was macht der mann hier?»
«er spricht mit seinem gott.»
«zu der stunde?»
«gerade jetzt, wo die moschee leer ist.»
tauben kreisen um seinen fuß und stören den dialog nicht.
tante zinat erzählt die legende.
«als der prophet auf der flucht vor seinen verfolgern sich in einer höhle
    versteckte, legten tauben auf geheiß gottes am eingang eier.
    die verfolger schlußfolgerten, daß keiner die schwelle überschritten
    hat, und gingen weiter – der prophet wurde gerettet. seither dürfen sich
    tauben in moscheen frei bewegen.»
bald weicht die stille helligkeit der moschee der zwielichtigen kakophonie
    des basars.
tante zinat überprüft den knoten am rande ihres schleiers, wo das geld
    steckt.
«tante zinat, was machen wir, wenn sie kein geld haben?»
«man vertraut mir», kichert sie, «früher haben männer im basar ein haar
    von ihrem schnurrbart hinterlegt und dafür geld geliehen.»
das kind schaut in der menge herum.
«das waren noch männer», seufzt tante zinat.

die sackgasse

hier lernt das kind puskás kennen.

am ende der gasse ist das haus, am anfang die schule.

das terrain dazwischen gehört real madrid, vor allem ferenc puskás.

real hat fünf jahre hintereinander den europa-cup gewonnen und will
auch den sechsten.

das kind ist torwart und weiß, die ganze mannschaft weiß es, die ganze
gasse weiß es:

puskás darf nur mit dem linken fuß seine tore machen.

sein rechtes bein ist mit roten bändern markiert, mit diesem darf er nicht
schießen –

denn der schuß wäre tödlich.

das weiß ferenc puskás.

das wissen die schiedsrichter, die zuschauer im bernabéu-stadion, aber
auch die mannschaft von real madrid:

doch jetzt trauert die gasse –

real ist im viertelfinale ausgeschieden.

ein kind für den samowar

jeden morgen wacht das kind mit seinem summen auf.

am abend arbeitet das kind für den samowar.

glühende kohle wird in einen kleinen drahtkorb gelegt. der korb hat
   einen langen stiel. das kind greift zu seinem ende und rennt in den
   patio.

es dreht den kohlenkorb an seiner seite im kreis.

je schneller das kind ist, desto früher glüht die kohle.

dann rennt es ins haus und liefert die kohle für den samowar.

großmutter mault, die tätigkeit sei zu anstrengend.

doch das kind verteidigt jeden abend sein naturrecht auf das amt.

es ahnt nicht, daß bald die moderne gegen das kind siegt.

bald kommen samoware mit öl.

dann steht das kind da –

ohne auftrag, ohne würde.

bemanis schulden

freitag nachmittag hat bemani frei; für gewöhnlich kommt das dienstmädchen gegen abend zurück. dann setzt die junge frau das kind
zwischen ihre schenkel und erzählt von dem tag – doch heute bleibt sie
aus.

«die sonne ist untergegangen und das mädchen ist nicht da», mama
charmante verriegelt die haustür. spät in der nacht kommt bemani,
kann die tür nicht öffnen, klettert über die mauer und springt in den
hof.

am morgen stellt sie mama charmante zur rede; das dienstmädchen
murmelt ausreden.

«dann geh dorthin, wo du die ganze nacht warst», mama charmante holt
ihr portemonnaie.

«sag mir, was ich dir schulde. du bekommst deinen lohn und kannst mein
haus verlassen.»

das kind will bemani nicht verlieren und die wärme ihrer schenkel; aber
es sagt nichts.

bemani rennt in die küche und kommt mit ihrer geldtasche zurück:

«sagen sie mir, was ich ihnen schulde. ich begleiche meine schulden und
verlasse ihr haus.»

die zwei frauen stehen sich gegenüber, die geldbörsen in der hand, und
beben.

schließlich entscheidet der vater:

«steckt das verdammte geld weg, umarmt euch und vergeßt den streit.»

mama charmante schleudert das portemonnaie gegen die wand:

«komm, mädchen, ich will dich in die arme nehmen ...», weiter kommt
sie nicht –

jetzt schluchzt sie.

baba blind

er kauft brot beim bäcker, wickelt es in ein tuch ein, legt es auf ein tablett,
   das er auf dem kopf trägt, und verkauft es in den haushalten.
der blinde ist in der gasse geboren, kennt die häuser und ihre
   bedürfnisse.
mit den händen an der mauer geht er umher, ohne sich zu irren.
mit sicherer hand nimmt er die geldscheine und gibt das kleingeld
   zurück.
das kind und der vetter sind auf der anderen seite der gasse und wiegen
   sich in sicherheit.
der vetter wird übermütig:
«baba blind, baba blind.»
er bleibt stehen, hält sich an der mauer und dreht sich um.
«du bist die brut vom oberst, oder?»
der vetter wird rot im gesicht –
heute abend bekommt er seine ohrfeige.
das kind nimmt reißaus, es will bei der züchtigung nicht dabeisein.

zeitvertreib I

tante zinat fragt, ob das kind sie begleitet.

die luftwaffe veranstaltet ein manöver. der schauplatz ist der erste
flughafen teherans.

das kind fragt sich, ob tante zinat von seiner heimlichen liebe zur fliegerei
weiß.

ihre beste freundin kommt mit, im korb trägt sie belegte brote, den
samowar trägt das kind.

tante zinat und ihre freundin wickeln den schleier um sich und bereiten
die brotzeit, das kind kümmert sich um den samowar. der flughafen ist
voll besetzt. menschen sitzen auf dem rollfeld dicht nebeneinander
und warten.

als der tee fertig ist, bietet das kind den nachbarn rechts und links auch
einen an.

schließlich ist es soweit.

mit gedröhne erschreckt die luftwaffe seiner majestät das volk auf der
erde.

am himmel drehen die piloten schleifen mit den kondensstreifen.

jetzt johlt das publikum.

tante zinat ist ganz versunken ins gespräch mit ihrer freundin.

das kind giert hinauf in die luft.

die wassertränke

die straße ist kurz.

die bäume – es sind nur wenige, aber sie strahlen.

das kind hört viele sprachen.

es ist verwirrt und hält sich an der hand von tante zinat.

hier eine jüdische schule, dort eine armenische, dann das gebäude der
jüdischen gemeinde.

vor einem haus bleibt tante zinat stehen.

unter einem baum, in seinem schatten, steht eine öffentliche wassertränke –

für die durstenden.

«scheich hadi, der große religionslehrer, wohnte hier. nach ihm ist die
straße benannt. hier auf der erde saß er und hielt seine predigten. die
leute konsultierten ihn auf der erde.»

tante zinat greift zu dem messingbecher, der an einer kette befestigt ist,
füllt ihn mit dem wasser und gibt dem kind zu trinken.

«das wasser dieser tränke wirkt wunder. aber sage der großmutter nichts.
sie würde dann wüten, weil du denselben becher benutzt wie jeder
passant.»

das kind trinkt das wasser und wird schweigen.

«ich habe mit meinen eigenen augen gesehen, wie ein blinder bettler
seine augen mit dem wasser gewaschen hat und wieder sehen konnte.»

tauben

das kind sitzt in einem überlandbus neben dem vater, er hält die augen
 geschlossen.
die landschaft hält das kind gefangen, bis ein murren sich erhebt.
hinter ihm sitzt ein alter mann in ärmlichen kleidern.
das kind weckt den vater.
er beginnt nach einer weile ein gespräch mit dem mann.
«was hast du da in dem sack?»
«tauben, herr oberst. draußen in den hügeln habe ich sie gefangen.»
«was machst du mit ihnen?»
«leute kaufen sie und lassen sie frei – zum segen gottes.»
«alle taubenzüchter sind päderasten und vergewaltigen kinder», meint
 großmutter.
in mittagsstunden, da die vögel im schatten kühlung suchen, stellt sich
 das kind ans fenster und hört ihnen zu – in diesen augenblicken ohne
 maß.
der bus hält, die tauben gurren, der vater schaut zum kind herüber.
draußen spricht er den mann an.
«was verlangst du für die tiere?»
er nennt den preis, vater greift in die tasche.
der mann öffnet den sack, die tauben fliegen auf und jubeln.
«herr oberst, jetzt müssen sie das gebet sprechen zum segen gottes.»

der ex-offizier

eines abends nimmt der vater das kind mit zu einem spaziergang auf der
flanierstraße, unweit der deutschen botschaft.
das kind sieht einen zivilisten in anzug und krawatte. er bleibt stehen und
nimmt haltung an, vater salutiert.
die männer sind aufgeregt, umarmen sich und scherzen.
der zivilist beugt sich mit der ausgestreckten hand zum kind herunter:
«junger mann, seien sie stolz auf ihren vater. er hat seine kameraden nie
verleugnet – in jenen furchtbaren jahren.»
noch eine weile sprechen die männer miteinander, dann verabschiedet er
sich und geht.
nach einigen schritten kehrt er zurück.
«herr, ich habe sie beim abschied vergessen. ich bitte um verzeihung.
aber ich war lange jahre in haft und habe die menschlichen gepflogen-
heiten fast vergessen.»
er verneigt sich vor dem zwölfjährigen und entfernt sich rasch.

der ungleiche kampf

es gab eine zeit, damals im süden, in der das kind an manchen tagen den
kampf gegen rizinusöl aufnahm. großmutter meinte, verstopfung sei
schädlich und dagegen helfe nur dieses öl.
das kind tobt, schreit und nimmt reißaus. es wird von der ordonanz
eingefangen und abgeliefert.
der vater legt den sohn auf seine knie, hält seine hände fest, redet auf ihn
ein und wartet auf die einsicht.
schließlich wird das kind zur einnahme des medikaments gezwungen.
hernach läßt der vater das kind los. es tobt nicht mehr. es trotzt und
schweigt.
jahre später, in teheran, erfährt das kind durch den vater, daß das
rizinusöl bestandteil einer foltermethode sei.
der kommunistische gefangene, der schweigt, wird mit dem öl abgefüllt.
der geheimdienst wartet, bis der durchfall den gefangenen zermürbt, bis
er einsicht zeigt.

korsi

das kind freut sich auf den winter.

die kälte teherans kennt eine eigene einrichtung.

ein niedriger tisch wird in die mitte des raums gestellt, darunter ein
    behälter mit glühender kohle, darüber eine riesendecke.

das kind zieht die decke bis zur brusthöhe, streckt die beine aus,
    lehnt sich an die wand, trinkt tee und hört den erwachsenen zu.

auch nachts schläft das kind hier und ignoriert die warnungen der
    großmutter, daß einige kinder an kohlevergiftung gestorben seien.

als das kind aufwacht, hört es das gemurmel der großmutter und
    schließlich seinen namen.

es stellt sich tot.

bis großmutter das kind schüttelt; es reagiert nicht.

sie kreischt, holt einen spiegel, hält ihn dem kind vor den mund,
    ob der spiegel dann beschlagen ist oder nicht.

das kind prustet und springt auf.

vergnügt hört es den ganzen tag, wie großmutter flucht.

silvesterfeier

durch das hintere fenster sieht das kind ins haus der armenischen familie.

sie hören europäische musik.

der mann tanzt mit seiner frau, später mit dem baby auf dem arm.

als übersetzer amerikanischer literatur ist er im ganzen land geachtet.

mit seinem älteren sohn spielt das kind fußball in der gasse.

zu ostern bringt vazrik gekochte eier in grellen farben; tante zinat kocht
    welche für das kind.

dann spielen die kinder eierschlagen.

der sieger ißt das angebrochene ei.

nun tanzt vazriks vater mit seiner frau einen walzer.

das kind sieht seinen spielkameraden nicht; er sitzt wohl in einer ecke
    und schaut den tanzenden zu.

das kind beschließt durch die wand zu gehen und seinen freund zur feier
    des neujahrs zu besuchen.

seine familie würde das kind nicht abweisen.

ein fremder

das kind spielt fußball; die wenigen autofahrer achten auf kinder.

da kommt er in die gasse.

groß, kräftig, sein haar und die wimpern weiß.

im kalten teheraner winter trägt er nur ein unterhemd, das hemd hängt
über den schultern.

der fremde setzt sich am straßenrand und ruft irgend etwas.

die kinder vergessen das spiel und kommen näher.

mit einer einzigen handbewegung verscheucht er sie.

sie kreischen und laufen zu ihren türen; hier stehen eltern und plaudern
miteinander.

ein erwachsener verkündet, der fremde sei russe.

ein anderer gibt ihm geld und den ratschlag:

«nehmen sie ein taxi und fahren sie zur amerikanischen botschaft!»

der russe läßt sich zeit, dann nimmt er das geld, steckt es in die
hosentasche und streckt zeige- und mittelfinger aus.

jemand gibt ihm eine zigarette und zündet sie an.

kinder und erwachsene bleiben stehen und schauen zu.

der fremde wirft seine kippe fort, steht auf, sagt etwas, winkt und geht.

ein versprechen

die sonne hat die mittagshöhe erreicht und herrscht über den asphalt.

das kind steht vor der tür und schaut in die gasse.

ein alter mann erscheint.

er hat einen braungestreiften anzug an, weste, einen schal und eine
schiebermütze. sein bart ist seit tagen nicht rasiert, seine gestalt
abgerissen.

vor dem haus bleibt er stehen, durchsucht seine taschen und holt eine
zigarette heraus.

«junge, wollen wir diese zigarette teilen?»

sein aserbaijanischer akzent verleiht der stimme sanftheit.

das kind schüttelt den kopf.

er halbiert die zigarette, steckt die eine hälfte in die hosentasche und
entzündet die andere.

«warum haben sie soviel an in der hitze?»

er zieht stark an der zigarette und antwortet:

«wenn ich dir auf diese frage antworte, mußt du mir ein versprechen
geben.»

«welches ?» will das kind wissen.

«daß du fortgehst und nie mehr hierher kommst, in diese herbe und
störrische stadt, die sich niemandem unterwirft und alle beherrscht.»

sein gesicht, seine durchdringenden augen unter der adlernase berühren
das kind.

ich gehöre zu meinem zeh

vater fragt, ob er wieder gesund sei.

herr keschwarpas, pensionierter beamter, wendet sich an das kind:

«weißt du, ich besuche nie einen arzt.»

das kind will den grund wissen.

«wenn ich krank bin, lege ich mich hin. esse nichts, trinke nichts.
  rauche nichts.»

das kind blinzelt und schaut auf zu ihm.

«alle krankheiten schleichen durch zwei öffnungen in den körper. durch
  den mund und durch den after», er schlägt in die hände und lacht.

vater sagt: «dann mußt du meinem sohn auch die andere geschichte
  erzählen.»

«mit vergnügen, junger freund», er zieht die socken aus.

«schau hier. der rechte zeh ist knallschwarz, habe ich recht?»

das kind nickt.

«vor jahren meinte der arzt, der zeh muß abgetrennt werden. sonst wird
  der ganze fuß schwarz, und keschwarpas stirbt. meine frau drängte,
  bis ich mich zu der operation bereit erklärt habe –

ich ging auf eigenen füßen ins hospital.»

er faßt sich an den kopf:

«aber in der nacht habe ich nachgedacht und kam zu folgendem schluß:
  der zeh gehört zu mir, und ich gehöre zu ihm. im pyjama sprang ich
  aus dem fenster und ging nach hause.»

herr keschwarpas triumphiert:

«der zeh gehört immer noch zu mir und ich zu ihm.»

ein tod

das kind kommt nach hause.

vater sitzt auf der terrasse neben mama charmante. die augen der beiden
    sind rot.

das kind bleibt stehen, vater dreht den kopf zur straße.

«unser vater ist gestorben», sagt mama charmante und öffnet die arme.

ein brief liegt auf dem tisch von dem arzt: tod durch lungenentzündung.

das kind weiß vom großvater nichts. nur, daß er am ende seines lebens
    verarmt ist.

er sucht zuflucht bei hafes wie ein verletztes tier bei der wärme.

um den schrein des dichters gibt es einfache behausungen für die
    flüchtenden – ohne miete.

eine gemeinnützige stiftung sorgt dafür. die hier leben, kennen die
    geldgeber nicht. eine begegnung findet nicht statt. die vermittler, die
    alles regeln, nennen sich «diener hafes'».

vater schreibt dem arzt, dankt ihm und schickt eine kleine summe.

eine woche später kommt ein brief zurück samt den geldscheinen.

«was ich getan habe, herr oberst, habe ich für hafes getan und für ihren
    vater.»

das kind erinnert sich an eine legende, die es durch vater kennt:

einmal sei eine gazelle vor den jägern in die stadt geflüchtet und habe
    sich vor dem grab des dichters hingelegt. die jäger geben auf.
    niemand wagt es, das gehege des propheten zu entweihen.

eine geheimsprache

«möge ihr morgen gut werden», sagt großmutter, als sie aufwacht.

«möge ihr ende gut werden», antwortet tante zinat.

und schon unterhalten sie sich in der geheimsprache.

als sie einkaufen geht, begleitet sie das kind.

es dauert, bis tante zinat nachgibt.

«das gold war immer teuer und die goldschmiede waren gefährdet.

   deshalb haben sie eine sprache entwickelt – nur für sich.»

das kind will wissen, wer alles diese sprache spricht.

«im basar jeder, dann verstehen die kunden nichts.»

«kann ich auch die goldschmied-sprache lernen?»

«wenn du groß bist.»

das kind geht noch einige schritte neben ihr her.

«tante zinat, wann bin ich groß?»

sie streckt die hand aus dem schleier und streichelt dem kind über

   den kopf:

«wenn du die mittlere reife hast.»

das kind ist in der grundschule und muß lange warten auf die

   neue sprache.

das messer zwischen den männern

die nachmittagssonne wütet.

das kind geht seiner wege, dicht an der mauer entlang.

zwei männer sitzen unter einer platane. sie haben die schuhe ausgezogen und die socken. ihre füße haben sie im rinnsal, das sie kühlt.

die schiebermützen und der dialekt verraten sie:

südteheraner auf der suche nach arbeit.

sie würfeln um irgend etwas, fassen sich an und lachen –

längst haben sie die straße vergessen.

das kind bleibt stehen und betrachtet die szene.

plötzlich bekommen sie streit.

einer springt auf, zieht das messer, wirft sich in kampfpose und schreit:

«stehe auf, wenn du ein mann bist.»

der andere bleibt sitzen und schaut auf.

das kind kann nicht ermessen, wie viele sekunden oder minuten vergangen sind.

der stehende schleudert die mütze auf die erde, schlägt mit dem messer auf seinen geschorenen kopf – das blut spritzt.

«du bist nicht einmal meines messers wert.»

der chevrolet

vater kauft ein gebrauchtes auto, einen chevrolet 54, groß und mächtig.

schon am ersten tag wird die sitzordnung geklärt. neben dem vater seine
frau, am fenster das kind mit dem arm auf dem fensterrahmen.

eine woche später wird eine radkappe gestohlen.

mit der ersatzkappe kommt vater nach hause.

am tag darauf begleitet das kind den vater zum polizeirevier.

der leutnant steht stramm, salutiert und bestellt tee.

«herr oberst, sie sind teheraner und kennen bestimmt die straße der
elektrischen lichter in der nähe des parlaments.»

vater nickt. der leutnant bewegt sich auf seinem stuhl und sagt:

«gestohlene radkappen kann man dort kaufen.»

der offizier steht auf und salutiert:

«vielleicht sogar ihre eigene.»

die ganze rechte zeile der straße ist in den händen von sikhs,
mit vollbart und turban –

sie verkaufen radkappen.

der besitzer begrüßt vater mit seinem akzent, der die vokale in die länge
zieht, und fragt, welches auto herr oberst fährt. dann schnippt er mit
dem finger, befiehlt einem jungen etwas in seiner sprache und lehnt
sich zufrieden zurück.

«trinken sie ruhig einen tee, herr oberst.»

europäer

auf dem wege zur schule wird das kind zeuge eines autounfalls.

der citroen fährt einen passanten an.

der mann liegt am boden, hält sein knie und wimmert.

zwei europäer steigen aus.

sie hat kurze hosen an, ihre schenkel sind bleich und kräftig.

das kind bleibt stehen und starrt auf das fleisch.

sie hebt die hände und ruft: «ambulanz!»

niemand reagiert.

ein pfeifen, ein polizist nähert sich.

kaum, daß der verletzte den polizisten sieht, springt er auf und läuft
   davon.

passanten lachen und zerstreuen sich.

niemand will zeuge sein.

auch das kind nicht; es trennt sich ungern von dem europäerfleisch.

tag der armee

vater hat heute frei, er kauft eine schachtel süßigkeiten und läßt sie schön
    verpacken.
im auto verrät er das ziel: die irrenanstalt – sie liegt weit in den bergen.
«an diesem tag hat unsere armee aserbaijan von stalins besetzung befreit.
    auch ich habe an diesen kämpfen teilgenommen. da warst du aber
    noch nicht auf der welt.»
das auto hält, vater nimmt die süßigkeiten in die hand und sagt:
«ein kamerad hat in den gefechten um tabris den verstand verloren.
    wir besuchen ihn.»
ein pfleger kommt uns entgegen: «was wünschen sie, herr oberst?»
«wir wollen zu leutnant torabi.»
der pfleger geht voraus und öffnet die tür zu einem saal. etwa 30 männer
    in pyjamas. sie liegen auf den betten, sitzen auf dem boden oder gehen
    herum. stumm oder laut.
der pfleger holt einen heraus.
«das ist ihr leutnant.»
vater nimmt haltung an, salutiert und fragt, ob er ihn kenne. leutnant
    torabi schüttelt den kopf.
vater überreicht ihm die süßigkeit. er nimmt die schachtel und starrt die
    besucher an. plötzlich läßt er die schachtel fallen und greift zu den
    tressen an vaters uniform. er schreit und tobt.
der pfleger greift ein und zerrt den leutnant fort.

teigtaschen

«ich habe geld», sagt vazrik und klopft auf seine hosentasche.

«wieviel?», fragt das kind.

«drei stück für jeden.»

die kinder ziehen los, an der deutschen botschaft und dem café naderi
vorbei, und landen bei chosrawi – er hat die besten piroschki teherans.

die teigtaschen sind eine russische delikatesse. das geschäft hat ein
emigrant vor jahrzehnten eröffnet.

die kinder gehen verschiedene füllungen durch: erst hackfleisch,
dann salzig und schließlich süß.

vazrik hat heute an alles gedacht, auch an winston. die kinder lehnen sich
an die tür des geschäftes, genießen die zigarette und betrachten die
welt.

viele blinde musiker sitzen am straßenrand mit ihren instrumenten.

»du weißt, worauf sie warten?»

das kind weiß es nicht.

vazrik schaut um sich:

«um die zeit sind die ehemänner bei der arbeit. reiche frauen suchen die
musiker auf.»

er verrät noch mehr.

«die blinden können die damen ja nicht wiedererkennen, nachdem sie
ihre dienste geleistet haben.»

eine berührung I

das kind besucht einen freund an einem freitag; die eltern sind auf einem
     ausflug.
das dienstmädchen bringt tee, mit scheuem blick und großen brüsten.
der freund greift zu, hält es fest und flüstert.
es schüttelt den kopf und will fliehen; er geht hinaus und hält die türe zu.
das mädchen enblößt die brüste und jammert:
«hier, nimm sie, aber laß das andere.»
das kind nimmt die brüste und will auch das andere.
schließlich gibt das mädchen nach, geht in eine ecke, kniet, hebt den
     rock und bettelt, das kind möge nicht hineingehen.
das kind entblößt sich. es wirft keinen blick auf sein geschlecht.
     es hält sich an den flanken fest. es reibt sich an dem fleisch.
«sind wir fertig?» wimmert das dienstmädchen, putzt mit dem
     taschentuch den weißen hintern und stöhnt:
«gott ist groß.»

soldatenuhr

das kind steht mit tante zinat auf der türschwelle; sie schauen in die
  gasse.
ein soldat fragt, ob dies eine sackgasse ist.
das kind will wissen, wo er hinwill; er nennt seine kaserne.
sie ist am anderen ende der stadt.
«aber ich muß bis zum zapfenstreich in der kaserne sein, sonst gibt es
  morgen früh peitschenhiebe vor der kompanie.»
das kind geht ins haus und kommt mit vater zurück.
der soldat salutiert und schluchzt:
«herr oberst, beim haupt seiner majestät, ich habe nichts getan. ich habe
  mich nur verlaufen, weil ich die schönen bauten angeschaut habe.»
vater beruhigt ihn, er fahre ohnehin in die richtung und nehme ihn mit.
der soldat jammert:
«aber herr oberst, bald ist der zapfenstreich.»
vater schaut auf seine uhr und sagt:
«wir haben noch 40 minuten zeit. ich komme in die kaserne und
  verwende mich für dich.»
als vater wieder ins haus geht, schaut der soldat auf seine uhr.
«die uhr des herrn oberst geht richtig», jetzt lächelt er.
kaum sind die beiden fort, kichert tante zinat:
«eine soldatenuhr. schmuggelware. nichts sind sie. nur ein gehäuse.
  er hat wahrscheinlich alles vom mund gespart für die uhr. soldaten
  lieben uhren. weißt du warum? wenn sie eine uhr tragen, dann sind sie
  schon städter.»

eine amerikanische bereicherung

vazrik überrascht das kind mit einem detektor, sein vater ist
    radiotechniker.
«mit dem ding können wir den amerikanischen sender hören», sagt er.
das kind versteht nichts.
«für die hier stationierten soldaten haben sie ein radio mit einer herr-
    lichen musik», vazrik hebt die hand: «du mußt nat king cole hören.»
im zimmer versuchen sie den sender zu finden. mit seinem detektor
    kriecht vazrik die wände hoch.
das kind wirft ein: «kann uns der geheimdienst anpeilen?»
vazrik prustet vor lachen: «ja, die haben nichts besseres zu tun.»
in der hand hat er einen kopfhörer, der über einen draht mit einer büchse
    verbunden ist.
aus der büchse schaut die wurfantenne heraus. vazrik dreht die antenne
    herum, wechselt den platz und horcht.
als das kind wieder einmal einen kommentar von sich gibt, platzt vazrik:
«was mischst du dich ein. du verstehst ja nichts von technik.»
das kind schweigt, vazrik sucht.
bis der elegante schwarze aus alabama sich der kinder erbarmt und für sie
    singt:
«unforgettable».

albert camus I

ein geflüster erreicht das kind im gymnasium: «die gerechten» von camus
   ist da.

das kind leiht sich geld von einem freund und geht unter gleißender
   sonne auf die suche nach camus – es muß schneller handeln als der
   geheimdienst.

ein fliegender buchhändler vor der universität kennt das kind. nach vielen
   blickkontakten und einigen kurzen wortwechseln ist dieser überzeugt,
   daß es kein spitzel ist, und hat ihm schon einige schätze verkauft: «die
   mauer» von jean-paul sartre, «rot und schwarz» von stendhal, «die
   lebenden» von jean laffitte, «die mutter» von maxim gorki.

der ambulante aufklärer mahnt das kind, das buch gut zu verstecken und
   nach der lektüre zurückzubringen; er kaufe es ihm wieder ab.

das kind rennt nach hause, albert camus unter dem hemd, während es
   den geheimdienst an seinen fersen vermutet. zu hause fiebert es der
   abendstunde entgegen, um ins bett zu gehen, mit albert camus.

mit geballter faust liest das kind und weiß, dieses europa bedeutet
   freiheit.

zeitvertreib II

teheran hat ein kaufhaus.

es wird vom schah eröffnet.

die straße munkelt, seine majestät habe dafür eine million toman bekommen.

natürlich ist das kaufhaus nach ferdussi genannt, dem verfasser des
   nationalepos.

die attraktion aber ist die erste rolltreppe des landes.

das gymnasium brennt.

das kind geht mit zwei schulkameraden hin.

die kinder kaufen nichts, aber sie benutzen die rolltreppe,
   so oft wie möglich.

sie warten ab, bis eine frau mit kurzem rock auf der treppe steht,
   dann besteigen sie die treppe und genießen den anblick des nackten
   fleisches.

reihenweise treffen die kinder dort gymnasiastinnen, die ihre kurzen
   röcke festhalten und auf die voyeure schimpfen.

schahname

das kind kennt das nationalepos, dürftig durch die schullektüre.

nach der eröffnung des kaufhauses fragt es den vater.

«es ist in versform verfaßt von ferdussi, der 1030 verstorben ist.»

vater habe in der kadettenschule teile des werkes auswendig lernen
    müssen. er meint, der dichter habe die persische sprache erneuert und
    verdiene sehr viel achtung.

vater erzählt auch, wie verbreitet das nationalepos sei. besonders in
    entlegenen gegenden, wo das fernsehen noch nicht die herrschaft
    übernommen hat.

in den kalten winternächten erzählt ein derwisch in den teehäusern
    geschichten aus schahname.

für die längste nacht des winters wählt der erzähler den tragischen
    höhepunkt.

rostam, der nationalheld, tötet im kampf seinen eigenen sohn, ohne ihn
    zu erkennen.

oft bitten zuhörer den derwisch, er möge den unschuldigen sohn doch
    am leben lassen –

sie würden das auch großzügig entlohnen.

hochmütig weist der derwisch das angebot ab.

wie könnte er auch den gipfel seines triumphes verschleudern, wenn er
    durch seinen singsang viele dazu bringt, reichlich tränen zu vergießen.

der schwarze volkswagen

etwa in der mitte der gasse wohnt herr doktor.

er war einmal minister, fiel in ungnade und verbrachte auch eine zeit im gefängnis.

das fenster im ersten stock ist bis spät in der nacht beleuchtet. jalousien versperren den blick der neugierigen. vater meint, die jalousien habe herr doktor aus frankreich kommen lassen.

selten verläßt er das haus, sehr selten bekommt er besuch.

sein diener, groß und grimmig, spricht mit niemandem in der gasse. da ist auch ein schäferhund, der zuweilen den diener begleitet.

man erzählt, der hund schlafe im hof, der diener im eingang, herr doktor habe viele feinde.

dann steht plötzlich ein schwarzer volkswagen vor seinem haus.

das kind weiß nicht, warum gerade heute. vater antwortet auf seine frage nicht.

das ganze viertel weiß, was das bedeutet. die zwei männer verlassen das auto nie, bis sie abgelöst werden. manchmal bleiben sie wochen da.

erst wenn sie die gasse verlassen, geht herr doktor auch mal aus dem haus.

das kind stellt sich auf die türschwelle und grüßt.

herr doktor grüßt zurück und neigt den kopf.

petunien und nachmittage

der schatten des nachmittags ist lang.

das kind bewacht vaters heilige siesta im dunklen keller.

es liegt daneben, wacht und hofft auf den abend und seine lebendigkeit.

dann spricht vater wieder.

das kind darf nicht lesen; das rascheln des papiers stört vaters ruhe.

draußen wachen die petunien mit geneigtem kopf, die geranien mit
   ihrem derben duft. fern von dem kind beschützen sie die sonne in ihrer
   lautlosen art.

das kind liegt auf dem rücken und hält still.

es erzählt den petunien geschichten. es kümmert ihn nicht, daß sie im
   patio stehen und ihn nicht hören.

es betrachtet die decke des kellers und sucht nach schaben.

wenn es welche findet, fragt es sie, ob sie ihm eine geschichte erzählen.

das kind lernt schweigen und nimmt dies mit – für spätere jahre.

der französische sänger

rezas familie ist frankophon; er selbst verbrachte zwei jahre in paris und
  ging dort zur schule.
heute erzählt er von dem gast.
«ein großer französischer sänger wohnt bei uns.»
das kind will den sänger sehen und wartet mit reza in der gasse.
der franzose ist schlank, groß, trägt eine zeitung unter dem arm und
  schlendert die gasse herunter.
reza stellt ihm das kind vor.
jacques brel streckt die hand aus und nennt das kind monsieur,
  bevor er sich zur mittagsstunde schlafen legt.
reza erzählt von seinem bekannten lied «das flache land», das er mit
  eigenen ohren im französischen rundfunk gehört hat.
es dauert jahre, bis das kind herausbringt, daß der franzose belgier ist
  und das lied im original flämisch war: «mijn vlakke land».

albert camus II

das kind bringt dem vater die abendzeitung.

«jetzt haben sie ihn.» das bild auf der ersten seite zeigt ahmed ben bella,
der würdig seine kette trägt, umrahmt von fremdenlegionären.

am nächsten morgen muß das kind auf dem weg zum gymnasium an der
universität vorbeigehen. der campus ist von sonderkommandos der
armee abgeriegelt. drinnen tragen die studenten plakate mit fotos von
ben bella und rufen für die freiheit algeriens.

ein satz von albert camus brennt sich durch die schulbänke.

«wenn ich zwischen meiner mutter und der gerechtigkeit zu wählen habe,
entscheide ich mich für meine mutter.»

die stimmen überstürzen sich.

jemand erzählt von jean-paul sartre und seinem artikel in «les temps
modernes».

jemand spricht von dem verräter.

jemand flüstert:

«wir müssen farbe bekennen.»

die klasse entscheidet sich für algerien.

das kind verliert seinen camus.

esel

am vormittag kommt der obstverkäufer, für jedes obst hat er ein lied
auf der zunge.
nicht er, aber sein esel ist die freude der kinder – mit den blauen
glasperlen um den hals gegen den bösen blick.
plötzlich bleibt das tier stehen.
das kind weiß: wenn der esel stehen bleibt, hat er einen grund.
doch sein besitzer schlägt mit dem stock gegen die flanken des tieres,
bis die haut platzt.
der esel bekommt eine erektion und schreit –
als wäre das seine antwort auf die schläge.
das kind läuft ins haus und bringt melonenschalen für den freund.
der esel läßt sich gerne streicheln, kaut bedächtig und sinniert mit
matten augen vor sich hin.
das kind verscheucht die pferdebremsen, die sich um die wunde
sammeln.
in den tagen teherans hallt das schreien der esel so stark, als wäre es eine
eigene sprache für das kind und die stadt.
am abend erzählt vater von seiner dienstzeit in tschah bahar, einem hafen
im äußersten südosten des landes, und davon, daß dort die esel fisch
fressen.
das kind will wissen, warum.
«das hier ist ein armes land, mein sohn, auch der esel muß sich anpassen.
in tschah bahar wächst kaum gras.»

tee mit rosinen

«weiß du, wer mich verhaftet hat? kommandant kugel, du weißt, der
    dicke mit seinem schiefen schnurrbart.
an einem freitagnachmittag sagt meine frau, er stehe vor der tür. im
    pyjama bitte ich ihn herein. mahin spürt etwas, bringt tee und verläßt
    den raum. ich biete dem gast rosinen zum tee. der kerl legt den kopf
    auf das knie und heult wie ein sechsjähriger.»
vater merkt, daß das kind nichts versteht, und nimmt seine hand.
«schluchzend gesteht er, ihm sei befohlen worden, mich zu verhaften.»
der zivilist lacht und fährt fort:
«ich schreie ihn an: du mußt deine pflicht tun. wo ist das begleitpersonal?
    er wimmert, er habe die beiden unteroffiziere am eingang der gasse
    postiert. ich stehe auf und frage, ob ich meine uniform anziehen darf.»
wieder lacht der zivilist und klatscht in die hände:
«elf jahre gingen rasch vorüber. mahin hat die kinder mit näharbeiten
    durchgebracht. aber wann immer ich den kommandanten kugel sehe,
    frage ich, ob er tee mit rosinen will.»
der zivilist beugt sich vor, schlägt dem kind auf das knie und strahlt:
«was haben wir nicht alles mitgemacht, mein sohn», er kugelt sich vor
    lachen.

halsschmerzen

großmutter besteht darauf, daß das kind zum arzt gebracht wird.
vater übernimmt die aufgabe.
«wir beide werden spazierengehen und kommen zum arzt;
    wahrscheinlich ist das eine kleinigkeit.»
der spaziergang, hand in hand mit dem vater.
der arzt ist freundlich: «ich schaue nur hinein.»
ein keil steckt im mund des kindes. jemand hält seine hände hinter der
    stuhllehne fest.
vater steht da und spricht mit dem arzt.
der arzt beginnt, die mandeln herauszuoperieren.
das kind schreit – es ist betrogen worden.
«herr major, geben sie ihm viel eis zu essen, das ist gut für die heilung.»
vater nimmt seinen sohn auf den arm und trägt ihn nach hause.
das kind schreit, schlägt dem vater ins gesicht, spuckt und verletzt sich
    an den händen –
durch die militärabzeichen an der uniform.
zu hause kriecht es unter den schleier von tante zinat.
hier schreit das kind nicht, hält sich an tante zinat fest und weint,
    bis es einschläft.
als es aufwacht, steht der vater da mit einem rieseneis in der hand.
das kind läuft hinaus, wirft es auf die erde und bleibt im patio mit
    petunien.

ein neues haus I

es liegt am ende einer sackgasse und hat viele zimmer mit stukkaturen.

die wände sind mit nischen versehen für ikonen, den samowar oder
kerzen.

durch das haus fließt ein wasserlauf; er nimmt das kind fort zu seiner
freude.

der patio ist groß und mündet in einen pavillon – für den abendtee.

aus dem norden zieht die schwester des vaters hinzu, samt dem kranken
ehemann, zwei kindern und dem dienstmädchen. bemani ist seit
kindesbeinen im dienste der familie und will sie nicht verlassen, selbst
wenn sie nach teheran zieht.

die junge frau stammt aus dem norden und fällt hier auf – durch den
akzent und ihr freizügiges verhalten.

noch schläft das kind in einem zimmer zwischen großmutter und tante
zinat, vater hat ein eigenes.

oben wohnt mama charmante; sie ist hauptsächlich mit dem kranken
mann beschäftigt.

das kind ahnt noch nicht, dass es mit ihr eine freundin für das leben
gewonnen hat.

die schule ist am anfang der gasse. das kind darf nun alleine hingehen,
selbst großmutter sieht das ein.

die neue schule

wenn ein lehrer fehlt, findet der direktor einen älteren schüler, der ihn
    vertritt –
als filmerzähler.
eine ganze stunde erzählt er den film.
er spielt alle rollen: stirbt, flüchtet, schießt und verliebt sich,
    bis die stunde um ist.
ein schulkamerad ist verrückt nach limonade, hat aber nie geld.
yussef spendet ihm eine limonade.
der limonadenverrückte wirft eine schabe in den mund. laut muß er
    darauf kauen als beweis seiner ehrlichkeit.
yussef ist der freund des kindes.
in der pause gehen beide durch den hof und üben das kleine einmaleins.
immer begleitet yussef seinen freund bis zur haustür, bevor er nach hause
    geht.
sind die freunde einmal verstritten, dann führen sie den dialog durch
    einen imaginären dritten.
«sag meinem freund, heute abend spielen wir fußball.»
das kind antwortet gemäß den unsichtbaren regeln.
«dein freund sagt, er komme zum fußballspiel.»

«küß mich!»

einmal, ein einziges mal, sendet radio teheran das chanson.

dann nicht mehr.

niemand kennt den sänger; der autor wird nicht einmal erwähnt.

ganz teheran entzündet sich an dem liebeslied.

und schon herrscht die fama:

«das gedicht wurde von einem kommunistischen offizier verfaßt –

in der nacht vor seiner hinrichtung. der sänger wurde einbestellt und
    mußte nach mehreren verhören versprechen, nie mehr zu singen.»

schon tauchen kolporteure auf der straße auf, das textheft halten sie an
    den mund, um mehr echo zu finden. sie verkaufen den text und singen
    das lied –

bis die polizei eingreift.

seine hinterhöfe

oft schließt sich das kind hier ein.
an den nachmittagen errichtet es auf diesem terrain seine herrschaft
gegen die vernunft der erwachsenen.
die enge verleiht ihm perspektiven, ungeahntes wird geschehen,
weiß das kind.
es beginnt mit dem regen.
das kind klebt an der mauer und spricht mit dem regen.
er gibt ihm akustische deckung – niemand kann es jetzt hören und seine
absichten entziffern.
es spricht und wartet.
bald fließt durch die ungezähmte landschaft ein bach und nimmt das
kind mit.
zu ufern, von denen es nichts weiß und immer träumt.
bis der abend näherrückt mit seinem geruch nach erwachsenen und
erklärungen.

brot

ein großer tag.

das kind geht zum ersten mal brot kaufen.

«das brot kommt direkt vom gott und darf nicht entehrt werden»,
mahnt großmutter.

das kind hat es oft gesehen:

wenn das brot auf den boden fällt, hebt es großmutter auf, küßt es und
legt es zur seite.

das fladenbrot: geröstet, dünn und etwa 80 zentimeter lang.

das kind trägt es nach hause wie eine kladde in der hand.

großmutter bestellt ein brot mehr als nötig. wenn das kind vom bäcker
zurückkommt, muß es jedem nachbarn davon anbieten.

er bleibt stehen, bricht eine ecke des brotes ab, steckt es in den mund und
neigt den kopf.

morgens holt großmutter das gestrige brot hervor, bespritzt es mit
wasser, bis es wieder weich ist, bestreicht es mit schafskäse und rollt es
zusammen.

das kind steckt es in die schultasche neben die schulbücher.

die nationalhymne

zum morgenappell wird sie im schulhof gespielt.

die kinder stehen in ihren reihen und nehmen haltung an.

die hymne wird bereits gespielt, als das kind den schulhof betritt –
 mit zwei anderen.

der sohn des offiziers bleibt auf der stelle stehen.

die anderen zwei schmuggeln sich in ihre reihe ein.

der direktor steht auf dem balkon und hat alles im visier.

nach der hymne ruft er alle drei auf.

da das kind stehengeblieben ist, darf es mit einer milden strafe rechnen.

äste von dem kirschbaum werden abgeschnitten und ins bassin gelegt.

die drei kinder treten vor – mit ausgestreckten händen.

der direktor schlägt.

die kinder hauchen in die hände und stecken sie kurz unter die achseln.
 es gilt, vor der versammelten mannschaft nicht zu heulen.

nach zehn schlägen darf das kind in die reihe treten; dort erst schluchzt
 es vor sich hin.

die anderen bekommen weitere schläge.

bis sie laut heulen und geloben, nie mehr die nationalhymne zu entehren.

der militärbär

er habe ihn selbst gesehen, erzählt vater.

der bär wurde vom militärgeheimdienst geblendet und abgerichtet.

mit handschuhen und maulkorb versehen, wurde er auf die frauen
    geworfen.

der ehemann, ein kommunistischer offizier, durfte zuschauen.

bis er geständnisse ablegte.

das kind hört zu und denkt an den tanzbären in ahwas.

er trug einen nasenring, folgte seinem führer und tanzte nach seiner
    trommel.

dennoch, das kind will dem vater glauben.

eine halbmutter

vater heiratet wieder einmal.

die lehrerin teilt nun das große zimmer mit ihm. zuweilen spricht das
paar aserbaijanisch. ihre eltern sind in baku geboren, auf der anderen
seite des kaspischen meeres, das die provinz aserbaijan teilt. ein
halbbruder lebt noch als junggeselle im nordosten.

vater gibt ihr den namen afsane, traum.

das kind erfährt, daß sein vater einen roman mit diesem titel geschrieben
hat. er solle als fortsetzungsroman in einer zeitschrift erscheinen – es
fehlt nur die genehmigung des geheimdiensts. der savak bestellt den
vater ein:

«seine majestät sieht solche dinge nicht gerne bei seinen kameraden.»

das kind will den roman lesen.

«das ist nichts für ein kind.»

halbmutter ist erst 16 jahre älter und bietet dem kind eine neue zuflucht.

tante zinat sagt, halbmutter habe gestanden, sie sei nicht mehr jungfrau,
sie wisse aber nicht, wie das geschehen sei – vater habe das akzeptiert.

großmutter kennt bereits den übeltäter:

«der halbbruder. er ist von unbestimmtem beruf, dazu noch diese
augen.»

ein tod

der mann von mama charmante schreit nicht mehr.

vater trägt den sarg mit drei verwandten durch die gasse.

nachbarn gehen sieben schritte hinter dem sarg her.

taxis folgen dem leichenwagen.

vater betritt den friedhof, küßt seinen finger und legt ihn auf die erde:

«friede sei mit euch, ihr bewohner der gräber.»

er hält seine schwester fest. sie weint nicht, starrt nur in die erde.

ein mullah setzt sich ans grab, liest melodisch aus dem koran, schließt
     das heilige buch und küßt es. er steht auf, kommt zum vater und
     kondoliert.

vater küßt seine schwester und zieht sich zurück.

mama charmante streichelt die frische erde über dem grab und bleibt in
     der hocke.

einige schritte weiter sitzt ein mann an einem grab, schlägt sich auf die
     brust und schluchzt.

vater nimmt eine schale wasser und geht zu ihm.

«kommen sie, bruder, trinken sie ein wenig wasser!»

der fremde steht auf, trinkt einen langen schluck und dankt.

vater klopft ihm auf die schulter:

«die toten beschützen uns.»

die männer umarmen sich.

salam, kinder

jeden freitag, nach den 12-uhr-nachrichten, kommt die stimme und grüßt
   die kinder.
der mann von radio teheran erzählt märchen.
bis nach samarkand und buchara sei er gereist, um im gesamten
   persischen sprachraum märchen zu sammeln. kinder nennen ihn nur
   mit vornamen; seinen familiennamen weiß kein kind.
eltern kaufen ein märchenbuch erst dann, wenn herr sobhi es im radio
   erwähnt hat.
kinder dürfen ihm auch briefe schreiben.
in seiner einstündigen sendung beantwortet er sie.
eines abends, als das kind den vater auf seinem spaziergang begleitet,
   zeigt er ihm herrn sobhi.
anzug und weste in weiß. eine schwarze krawatte. dichtes haar hängt
   über der stirn. ein überdimensionaler schnurrbart. in der hand ein
   gehstock.
vater schaut das kind an und bringt es hinüber.
«herr sobhi, mein sohn wollte sie persönlich begrüßen.»
herr sobhi bleibt stehen, ordnet das haar, neigt sich, fragt das kind nach
   seinem namen und gibt ihm die hand.
morgen wird das kind in der schule allen erzählen, wem es die hand
   gegeben hat.

ein neues haus II

«hat der tod einmal ein haus betreten, kommt er umgehend wieder, als
   kenne er die tür», meint vater. mama charmante stimmt ihrem bruder
   zu.

wochenlang begleitet sie das kind durch neue viertel seiner stadt und
   fremde häuser.

das neue haus ist nicht groß. tante zinat wird abgeschoben. sie zieht zu
   mama rosa und paßt auf ihre kinder auf.

«aber du kommst mich besuchen, oder?»

jetzt ist das kind noch mehr der großmutter ausgeliefert und schläft
   neben ihr im parterre.

im ersten stock mama charmante und ihre tochter.

im zweiten vater und seine frau.

sie bekommt keine kinder und ist immer mehr den sticheleien der
   großmutter ausgeliefert.

das haus hat zwei türen. eine zur straße durch den patio, die andere
   durch das gebäude zu einer sackgasse. sie ist nur schulterbreit. vater
   nennt sie versöhnungsgasse.

«wenn die verfeindeten nachbarn hier aufeinandertreffen, dann müssen
   sie sich versöhnen.»

die gasse hat eine tür. die erwachsenen schließen sie ab, wenn sie zur
   arbeit gehen.

die kinder haben dann die gasse für sich.

sie und mama charmante sind die zuflucht für das kind.

kinos

sie sind groß und tragen europäische namen.

die leinwand zieht die einfachen menschen an; sie empfinden die
darstellung als wirklichkeit.

die ordonanz hat den freitagnachmittag frei. einmal fragt der vater, wie
er die zeit verbringe.

«ich gehe ins kino, herr oberst.»

«und dann?»

«gehe ich in die nächste vorstellung.»

vor der vorstellung wird die nationalhymne gespielt. alle müssen
aufstehen, wenn auf der leinwand das portrait seiner majestät
erscheint.

der besuch ist gekoppelt mit sandwiches und sonnenblumenkernen, die
im dunkeln verzehrt werden. manchmal ist das knacken der kerne
lauter als die schießerei der helden.

und dann das anbandeln.

ali der zwerg, eine berühmtheit in einer fantasie-uniform, steht vor der
kasse von radio city.

gegen ein schweigegeld besorgt er eine karte neben dem beschriebenen
mädchen.

das kind geht gerne ins kino, besonders in die nachmittagsvorstellung,
alleine.

es betritt den dunklen raum und entrinnt der hellen welt.

oberst mussawi I

er ist vaters vetter, das kind liebt ihn.

wenn er zu besuch ist, füllt sein lachen das ganze haus.

als erstes setzt er seine schuhe auf die türschwelle von großmutter:

«tante, gleich, gleich betrete ich dein zimmer mit den straßenschuhen.»

großmutter bettelt:

«bitte, mussawi, sündige nicht gegen mich.»

er lacht schallend:

«ein extragebet für mich, sonst …», und er hebt den fuß.

schließlich gibt sich großmutter geschlagen und verspricht, was er will.

dann boxt der oberst gegen das kind und verliert auch einmal. mit seiner
    uniform liegt er auf dem boden und streckt die hand aus.

«komm, hilf mir aufstehen», sagt der besiegte.

oberst mussawi hat frau und fünf kinder. als er major wurde, hat er die
    armee um erlaubnis gebeten, an der universität studieren zu dürfen.

er bestand den numerus clasus und studierte jura.

«vormittags diene ich der armee seiner majestät, nachmittags dem
    recht.»

oberst mussawi II

«seit jahren verteidige ich herrn jalili, ich weiß nicht, gegen wen»,
    er dreht sich um und fragt:
«weißt du, was er von beruf ist?»
das kind schüttelt den kopf.
«er ist verleger und drucker, du hast ihn bestimmt einmal gesehen.»
das kind blinzelt.
«du warst doch oft im café naderi», und er hebt er die hände:
    «leugnen hat keinen zweck, ich bin jurist», er hält die offene hand vor,
    bis das kind mit der faust dagegen geschlagen hat.
«herr jalili hat sein büro auf der straße, er geht vor dem café auf und ab,
    bis er angesprochen wird. beim treffen sagt er dem schriftsteller:
‹ich will nicht wissen, worum es in ihrem buch geht, sagen sie mir nur,
    wie viele seiten es hat und wie viele exemplare sie wünschen – den rest
    mache ich.›»
«was geschieht dann, herr oberst?», will das kind wissen.
«du weißt, was in unserem land mit büchern geschieht, oder?»
das kind schweigt.
«also doch, du weißt es. wenn das buch verboten wird, wird herr jalili
    verhaftet und vors militärgericht gestellt.»
er öffnet die arme und ruft: «dann darf oberst mussawi ihn verteidigen.»
als er aufhört zu lachen, verkneift er die augen und macht herrn jalili
    nach:
«aber herr vorsitzender, ich habe nicht gewußt, was in dem buch stand.»

ein schauspiel

am ende der gasse erwischt das kind zwei hunde.

sie sind miteinander verbunden und können sich nicht mehr trennen.

das kind ruft die spielkameraden.

die kinder schreien und hetzen die hunde.

durch die verbindung sind sie eingeschränkt und können sich nicht
retten. sie ertragen das gelächter, die fußtritte und winseln.

ein kind rennt ins haus, bringt eine schüssel kaltes wasser und übergießt
die hunde –

es soll helfen.

dienstmädchen schauen zu und kichern, ihre blicke ermutigen die
jungen.

das vergnügen geht weiter, bis ein älterer nachbar einschreitet:

«laßt die sprachlosen tiere!»

die hunde erhalten eine atempause und entkrampfen sich.

bald sind sie frei und laufen fort.

mama charmante stöhnt

«in der früh war der zivilist hier und hat angekündigt, seine majestät
   fahre am nachmittag zum flughafen.»
sie beginnt aufzuräumen.
«dann steht einer in meinem wohnzimmer mit dem rücken zum fenster
   und tut so, als wäre er ein niemand.»
die straße zum flughafen ist gesäumt von soldaten mit ihren bajonetten
   und polizisten.
das kind geht mit einem schulkameraden die avenue hinauf.
ein schlecht gelaunter polizist fällt den kindern auf, sie trauen sich und
   fragen:
«wer fährt denn heute?»
«dieser zuhälter.»
«herr korporal, welchen meinen sie denn?»
er greift zu seinem schlagstock:
«haut ab, ihr hurensöhne!»

ganz teheran für diese augen

wieder einmal ist das kind in der mittagshitze unterwegs, als es eine
   melodie hört.
in der mitte der gasse sitzt ein mann im schatten einer mauer und spielt
   geige –
die melodie des bekannten liebesliedes.
«ganz teheran gehören deine augen, ganz teheran für diese augen.»
das kind biegt in die gasse ein, bis es vor dem musiker steht.
er hat kaum zähne. den hut hat er nach hinten geschoben. auf der erde
   vor ihm liegt ein kariertes taschentuch – wenige geldmünzen darauf.
das kind greift in die tasche.
«nein, junge, nein. ich will kein geld», und er fährt fort:
«ich spiele nur für mich und die sonne.»
sein kurdischer akzent verleiht der stimme etwas schutzbedürftiges.
«komm junge, setz dich zu mir», mit der linken hand schlägt er auf die
   erde.
das kind setzt sich und achtet auf einen abstand.
«ich spiele, was du willst.»
das kind entscheidet sich für das lied von vorher.
der mann wendet ihm das gesicht zu und schlägt die augenlider nieder.
«bist du aus teheran, freund?»
es nickt.
«ich spiele für dich. dann erzählst du mir von dieser selbstsüchtigen
   stadt.»

der leibarzt seiner majestät

das kind hat halsschmerzen und hustet.

großmutter bedrängt vater.

er nimmt das kind bei der hand, und sie gehen zu fuß los.

«weißt du, wohin ich dich bringe?»

das kind schüttelt den kopf und will es nicht wissen.

«ich bringe dich zum leibarzt seiner majestät.»

«baba, wir gehen zum schah-palast?»

vater lacht:

«nein, dort werden wir nicht eingelassen.»

an der tür steht ein schild: dr. ayadi.

general dr. ayadi öffnet selbst, über der uniform der weiße kittel.

vater salutiert.

«ich habe gehofft, herr general, sie hier zu treffen.»

«herr oberst, die praxis ist jeden nachmittag offen.»

der general beugt sich herab und schüttelt dem kind die hand: «ich bin
    dr. ayadi.»

er untersucht es und verschreibt ihm einen saft.

vater greift zu seiner tasche, der general hält seine hand fest:

«nein, herr oberst, ich nehme kein honorar von meinen kameraden.»

rekruten

das kind schlendert die pahlawi-avenue hinunter richtung süden.
bald verändern sich die gesichter und die gestalten.
das kind zieht es vor, nicht weiter zu gehen, und kehrt in eine teestube ein.
zwei rekruten treten ein, untergehakt, gegen die vorschrift der armee,
    und setzen sich neben der tür.
sie kommen aus dörfern ohne elektrisches licht und fließendes wasser.
    umgeben von den geheimnissen der stadt rücken sie eng zusammen.
der wirt ignoriert sie lange genug. als er dann zu ihnen kommt,
    sind sie sehr leise.
die teehausbesitzer sind berühmt für ihre derbe sprache und die
    goldzähne –
selbst die gesunden zähne lassen sie in gold fassen.
er grinst und zeigt seine reichtümer.
«na, jungs, aus welcher kaserne kommt ihr?»
er wartet die antwort nicht ab und bringt tee mit mehreren stücken
    würfelzucker für die ausgehungerten.
das kind weiß, daß selbst sein wochengeld mehr ist als das monatsgehalt
    der soldaten. der rekrut bekommt tee, rasierzeug und zigaretten.
    mit seinem monatsgehalt kann er gerade zwei schachteln kaufen.
die soldaten flüstern und halten die blicke gesenkt; sie wollen nicht
    auffallen.
irgendwann, als der wirt an ihnen vorbeigeht, murmelt einer etwas.
der besitzer bleibt stehen und ruft in den raum:
«jungs, bei mir zahlen soldaten nicht für den tee, immer willkommen.»
die beiden werden verlegen und wissen nicht weiter.

die fahrt in den süden

der markt der kuweiter in abadan ist eine agora.
«hier kannst du alles kaufen: von hühnermilch bis zur menschenseele»,
    sagt vater und nimmt seinen sohn bei der hand.
das kind ist erschlagen von dem geschrei und dem überangebot der
    waren.
«herr oberst!»
vater bleibt stehen, ein zivilist stürmt auf ihn los; eine umarmung.
dann beugt sich der mann zum kind:
«ich diente als korporal unter deinem vater in ahwas, es ist jahre her;
    damals warst du nicht einmal in der schule», und er streichelt dem kind
    über den kopf.
«herr oberst, brauchen sie etwas? uhren, kameras, transistorradios, eine
    fahrt rüber nach irak?»
vater entscheidet sich für einen fahrer, der seine familie durch die wüste
    führt.
«wird gemacht, herr oberst, morgen abend sind sie mein gast.»
der korporal öffnet, sein bruder ist dabei und drei frauen.
«na, welche der drei frauen gehört dir?»
der bruder legt die hand auf die schulter seiner frau und antwortet:
«die anderen zwei.»
die blondierte und die schwarzhaarige kichern und stellen sich vor.
vor dem essen kommt der tee, vater scherzt mit seinem korporal:
«ihr habt hier zwei zimmer, wie machst du das denn in einem zimmer
    mit zwei ehefrauen?»
seine beiden frauen lachen, und er antwortet:
«herr oberst, man muß vertrauen haben.»

eine stadt am rande der wüste

der fahrer ist sicher, schweigsam fährt er durch die wüste.

das kind ist gebannt von der landschaft und den farben, die sich
  aufdrängen.

am ziel weigert sich der fahrer, geld zu nehmen, und verabschiedet sich.

der gastgeber ist chef der ölkompanie in der stadt.

beim abendessen scherzt der vater:

«wo sind deine töchter? sie müssen jetzt erwachsen sein.»

«ich habe sie fortgeschickt zu verwandten im norden.»

«hast du angst, daß ich sie beide verführe?»

halbmutter schlägt ihrem mann auf die hand, die erwachsenen lachen.

«nächste woche ist prinz gholamreza, der halbbruder des schahs,
  mein gast.»

«hast du was gegen ihn?» fragt vater.

«der prinz bevorzugt sehr junge mädchen.»

schließlich bricht der gastgeber das schweigen:

«was dann kommt, weißt du ja. irgendwann erscheint dann korporal
  moradi und holt die mädchen ab.»

vater nickt, sein freund fährt fort:

«so muß sich der prinz damit begnügen, mit mir poker zu spielen.»

vater lacht:

«dann wirst du eben verlieren.»

eintritt für hunde und iraner verboten

vater entscheidet, das nächste stück mit dem zug zu fahren.

er ist voll, studenten der ölfachschule kehren nach abadan zurück.

vater betritt ein abteil der zweiten klasse. drei studenten sitzen dort:

«herr oberst, der rest der plätze ist für unsere freunde, sie kommen
   gleich.»

vater wird laut:

«ich brauche die plätze für meine frau und das kind», und verstaut das
   gepäck.

das kind nimmt den platz neben dem fenster und zieht sich in sich
   zurück.

als der zug abfährt, versucht vater mit den jungen männern ins gespräch
   zu kommen.

nach einer weile erzählen sie, daß die lehrer fast alle amerikaner sind und
   keinen sinn für iranische angelegenheiten haben.

«sprecht ihr mit euren lehrern auch von der zeit von 1953, als premierminister mossadegh das iranische öl nationalisierte?»

die drei männer schweigen lange, bis einer die frage stellt:

«was denkt herr oberst von der nationalisierung des erdöls?»

«ich habe damals im süden gedient. ich habe mit eigenen augen am
   portal des britischen clubs die aufschrift gesehen: eintritt für hunde
   und iraner verboten.»

nun werden die studenten gesprächig. schließlich nehmen sie sogar die
   belegten brote aus der hand von halbmutter und essen mit.

alexander ghazarian

«heute meldet sich der unteroffizier, daß ein rekrut weint.»

vater fragt nach dem grund.

«herr oberst, er spricht kein wort persisch.»

vater läßt ihn vortreten.

alexander ghazarian spricht armenisch, englisch, französisch, russisch
und ein wenig arabisch, aber nicht persisch. er hat in beirut das
armenische kolleg beendet.

die militärpolizei hat ihn auf der straße aufgegriffen. der leutnant in der
kaserne hält ihn für dienstfähig, obwohl er verheiratet ist.

vater entscheidet, daß der rekrut vom üblichen drill befreit wird. er soll
als seine ordonanz in der stube arbeiten – dafür spricht er mit vater
französisch.

nach dem mittagessen darf er die kaserne verlassen und bei air france
am flughafen arbeiten.

schon ein paar wochen später lädt alexander ghazarian herrn oberst und
seine familie zum abendessen ein.

hasmik ghazarian

die gastgeberin heißt hasmik, yasmin würde sie auf persisch heißen.

die großgewachsene frau mit schwarzem haar hat an der universität
    teheran literatur studiert und unterrichtet an einer fachhochschule
    persisch.

bald nennt vater seinen rekruten «alec», er spricht vater mit «mon
    colonel» an.

das kind liebt hasmik und ihre schöne sprache. bei jedem besuch spricht
    sie lange mit ihm über die persische literatur.

eines tages spricht vater das massaker an den armeniern im osmanischen
    reich an.

«herr oberst, wissen sie, wie der verantwortliche für den völkermord
    geendet ist?»

vater schüttelt den kopf.

mit tränen in den augen erzählt hasmik von einem armenier, der 1921
    talât pascha in berlin erschossen hat.

«da ich kein land habe, muß ich dich auf der straße töten», sagte
    soghomon tehlirian und stellte sich dann der polizei.

«ich habe den mörder meiner frau und meiner großeltern gerichtet.»

schwimmen I

das kind ist neun jahre alt. vater beschließt, daß es schwimmen lernt.
er nimmt seinen sohn bei der hand und bringt ihn zum offiziersclub.
das kind steht am rande des beckens und blickt ins wasser.
sein gedächtnis trägt es in den süden, in den patio und ins bassin. das
    kind sieht jene kreise vor sich, die es einmal von unten gesehen hat.
«das schaffst du nie, daß du mitten in diesem wasser an der oberfläche
    bleibst und nicht untergehst.»
vater zieht es aus und verreibt sonnenöl auf seinem körper, bis der
    schwimmlehrer einschreitet:
«herr oberst, verderben sie mir das kind nicht», er packt es am handge-
    lenk und wirft es hoch.
im großen bogen landet das kind im becken und schluckt wasser, bis es
    auf die füße kommt.
neben ihm steht der schwimmlehrer:
«gut, mein junge. jetzt ist die angst ausgestanden. wir beginnen zu
    schwimmen.»

schwimmen II

jeden sommer geht das kind unter der teheraner sonne eine stunde lang
zu dem club.
das wasser ist die verheißung.
inzwischen steht das kind kurz vor dem abitur und schwimmt butterfly.
sein alter lehrer warnt: «du sollst so schwimmen, daß die uniform deines
vaters nicht naß wird, wenn er neben dir steht – keine gesten!»
allmählich begreift der schüler seinen lehrer.
«wenn du so weitermachst, wirst du meister unseres clubs. dann
bekommst du eine medaille aus der hand seiner majestät.»
am tag des wettbewerbs sagt vater ab: «auch dieses jahr wirst du nicht
meister.»
großmutter aber will kommen.
zwei stunden vor der ankunft des schahs stehen die sportler in badehosen
auf einem abgeriegelten gelände.
der adjutant seiner majestät, in paradeuniform und mit einem schwert,
geht die reihe entlang, fragt jeden nach seinem namen und dem beruf
des vaters. vor dem kind bleibt er stehen:
«junger mann, grüßen sie ihren vater; ich habe unter ihm gedient.»
am abend erfährt das kind, daß großmutter nicht eingelassen wurde –
sie wollte den schleier nicht ablegen.
dennoch, das kind wird sieger.
großmutter erfährt es durch radio teheran.

großmutter weint

am nächsten tag besucht das siegerkind großmutter.

sie wütet.

«schon der vater von diesem kerl, der nun schah geworden ist, versuchte
mich meines schleiers zu berauben», sie sitzt dem kind gegenüber,
nimmt den schleierrand zwischen zwei finger und schüttelt ihn hin
und her.

«ich war vielleicht acht jahre alt und mußte meine würde gegen den schah
retten.»

ihre stimme wird schrill, sie merkt nicht einmal, daß sie schreit.

«und jetzt kommt sein söhnchen und verbietet mir, mein kind beim
schwimmen zu sehen.»

eine wegwerfende geste und sie schluchzt.

«durch das radio mußte ich davon erfahren.»

zum ersten mal sieht das kind großmutter weinen.

mit dem saum ihres schleiers trocknet sie die tränen ab.

«was glaubt der kerl, wer er ist?»

sie schließt die augen und murmelt ein gebet.

«du wirst es noch erleben, daß auch der sohn wie sein vater in der
fremde stirbt.»

ißt du auch jüdisch?

für das abitur lernt das kind mit einem jüdischen freund.

natürlich bleibt er zum essen.

großmutter räumt seinen teller als ersten ab; sie will ihn getrennt
    abspülen.

behrus sieht es und sagt nichts.

vater fängt den blick auf und zwinkert dem freund zu.

als die großmutter draußen ist, sagt er:

«mein freund, sie müssen meiner mutter verzeihen. sie hat ein schweres
    leben hinter sich.»

«aber ich bitte sie, herr oberst», sagt behrus und schlägt dem kind auf das
    knie.

die kinder gehen hinauf und lernen den ganzen nachmittag.

am nächsten tag wird das kind bei seinem freund zu gast sein.

als behrus sich verabschiedet, fragt er:

«ißt du auch jüdisches essen?»

der alte mann

ein entfernter verwandter, bereits pensioniert, kommt gegen abend, als
   es kühler ist.
er kommt ohne ankündigung, er kommt zu fuß.
auf der terrasse setzt er sich hin, streckt die beine aus und genießt seinen
   tee.
dann holt er aus seiner tasche einen portablen aschenbecher, zündet
   seine zigarette an, zieht den rauch ein und wendet sich an das kind:
«mein junge, diese zigarette schmeckt. weißt du, ich war mehr als eine
   stunde unterwegs und habe nicht geraucht.»
das kind ist 14 jahre alt und fragt, warum er nicht geraucht habe.
«dies ist ein armes volk. wenn ein bauarbeiter mich rauchen sieht und
   sich nicht traut, mich um eine zigarette zu bitten; wie antworte ich im
   jenseits dem gott?»

hast du je eine grenze gesehen?

«baba, wo haben sie aserbaijanisch gelernt?»

«an der türkischen grenze», sagt vater und nimmt die hand des kindes.

«es war nicht viel los. einmal in der woche kam der türkische leutnant
herüber und rapportierte. dann aßen wir gemeinsam, tranken wodka
und spielten tabla. natürlich mußte er die nacht bleiben. in der woche
darauf ging ich hinüber.»

er hob das gesicht des kindes hoch: «hast du je eine grenze gesehen?»

das kind schüttelt den kopf.

vater zieht eine imaginäre linie auf dem tischtuch.

«hier ist die türkische fahne, darunter geht ein soldat auf und ab.
auf der anderen seite macht ein anderer soldat das gleiche unter der
iranischen fahne.»

«baba, was tun die soldaten?»

«nichts», sagt vater und nimmt beide hände des kindes.

«eines tages fragte ich den türkischen soldaten, was er mache, wenn die
russen angreifen.

‹herr leutnant, von uns ein toter, von den russen 100 tote.›

ich nickte und ging zu unserem soldaten.

‹aber herr leutnant, was reden sie denn. in 17 wochen ist mein dienst
vorbei. die ernte wartet und meine verlobte auch. mit gottes segen
werden die russen schon nicht angreifen.›»

an diesem freitag will vater raus aus der stadt. im naheliegenden karaj
weiß er einen garten.

mit starkem akzent begrüßt der besitzer die gäste. er baue hier gemüse,
kartoffeln und obst an und vermiete den garten als nebenverdienst.

vater fragt ihn, woher er stamme.

«aus warschau, herr oberst.»

das kind hat noch nie einen polen gesehen.

der gastgeber erzählt seine geschichte, unterbrochen von seiner frau,
die aufgeregt und in einem besseren persisch bald die führung
übernimmt.

«meine familie war gegen die heirat. er besorgte sich ein messer, drang
ins haus ein und entführte mich», sie kichert und hängt sich bei ihm
ein.

«dann sind wir in die sowjetunion geflüchtet. dort hat man uns in den
kerker geworfen, bis sich churchill mit stalin einigte: die polen sollten
gegen hitler kämpfen.»

der mann mischt sich ein:

«mit dem schiff kamen wir über das kaspische meer. von hier aus sollten
wir mit lastwagen nach palästina gebracht werden.»

wieder kichert sie und wirft ein: «wir haben gesehen: das land ist groß
und der staat hat keine kontrolle. wir sind heruntergesprungen und
sind geblieben.»

der sufi

das flachdach soll repariert werden.

ein maurermeister kommt, kurde mit einem verwegenen schnurrbart;
   er sei sufi wie seine ganze familie.

er handelt einen preis aus und verspricht, seinen gehilfen zu schicken.

der gehilfe ist älter als der meister, auch sufi, mit einem noch
   verwegeneren schnurrbart.

vor der arbeit bietet vater ihm tee an.

der mann geht in die hocke und schlürft seinen tee ohne zucker.

vater fragt, seit wann er gehilfe ist.

«seit vierzig jahren, herr oberst.»

warum er kein meister geworden sei, will vater wissen.

der mann steht auf:

«für einen gehilfen gibt es immer arbeit.»

vater wendet ein, auch als meister könnte er niedrige arbeiten
   übernehmen.

«nein, herr oberst, ein meister arbeitet nicht als gehilfe!»

ein besucher

vater bringt eine gute nachricht.

sein vetter kommt zu besuch. er sei als kind mit der familie nach
kermanschah gezogen, in die provinz kurdistan – seither haben sie sich
nicht gesehen.

vater holt ihn vom bahnhof ab. er begrüßt halbmutter, umarmt das kind
und verlangt nach wodka. die männer trinken und sprechen kurdisch.

«sie sprechen von frauen und wollen nicht, daß wir etwas mitbe-
kommen», sagt halbmutter und zwinkert dem kind zu.

die männer lachen und wechseln die sprache.

nach dem abendessen widmet sich der gast der religiösen waschung für
das abendgebet.

vater lästert:

«du bist schon ein richtiger muslim – erst wodka und dann gebet.»

«geh ins bett, du ungläubiger, und laß mich allein mit meinem gott –
er kennt meine gewohnheiten.»

der radfahrer

zeitungen berichten von ihm.

er werde 14 tage und nächte lang radfahren, jeder könne hingehen und
sich überzeugen.

das kind begleitet einige schulkameraden in die basketballhalle, am
späten abend.

denn da singt der inder auch.

zierlich, mit einem schmalen oberlippenbart versehen, dreht er seine runden.

gelegentlich reichen ihm die helfer eine teeflasche; mehr nimmt er nicht
zu sich.

an diesem abend singt er wieder. er fährt freihändig, gestikuliert und
winkt dem publikum zu.

die lieder sind rührend, zuweilen weint er auch.

im publikum sitzen junge frauen mit schmachtendem blick. sie erzählen
gern, liebe habe ihn verrückt gemacht.

selbst großmutter will das glauben.

ein hund

spätnachmittags macht das kind einen spaziergang.

ihm fällt ein hund auf.

in seiner gasse ist das kind auf der seite der tiere. wenn hundefänger
kommen, schreien die kinder, damit die hunde sich retten.

aber jetzt ist das kind allein und in einer fremden gasse.

das tier wechselt die straßenseite.

«hunde bellen in der dämmerung so jämmerlich, weil sie den todesengel
wittern», mahnt großmutter.

das kind beschleunigt den gang.

der hund folgt ihm auf den fersen, bellt und schnappt nach den sandalen.

das kind stellt sich mit dem rücken gegen die wand und heult auf.

ein alter mann kommt mit fladenbrot unter dem arm.

er bleibt stehen, beruhigt den hund, reißt dem brot eine ecke ab und wirft
es dem tier vor.

«ruhig, mein sohn, auch ein hund ist ein geschöpf gottes. dieser hatte
hunger und wollte nur auf deinen sandalen kauen.»

ein kind im gras

auf dem wege zum meer macht vater halt.
halbmutter kocht tee; dazu brot, butter, käse und marmelade.
nach dem essen geht sie zum fluß und kommt aufgeregt zurück:
«da liegt ein kind im gras.»
vater weckt das kind; der junge springt auf und nimmt seine mütze ab:
«ich grüße sie, herr.»
«was machst du hier, mein junge?»
«ich habe geschlafen, herr.»
vater lädt ihn ein:
«wir haben schon gegessen; das hier ist dein anteil.»
das kind ziert sich, will gedrängt werden, bis es sich hinsetzt und ißt.
es wohne im nächsten dorf, es sei herumgegangen und habe sich dann
    schlafen gelegt.
«herr, ich spüle das geschirr.»
«ja, mein sohn, mach das.»
das kind kommt zurück mit sauberem geschirr und legt alles auf das tuch.
hernach begleitet es die fremden zum auto.
als der vater startet, streichelt das kind den chevrolet und winkt mit
    der mütze.

mit gebrüll begrüßt das meer das kind. eingeschüchtert blickt es ins
wasser und schweigt.

vater sucht einen photographen. dessen akzent verrät viel.

«ich komme von jenseits des meeres, herr oberst. wir sind aramäer,
die eltern sind vor den bolschiwiki geflüchtet.»

nachdem er geknipst hat, fügt er hinzu: «zu hause sprechen wir in der
sprache jesu.»

der chevrolet fährt an der holzbrücke vorbei, die tür in der mitte ist
verschlossen, zwei fahnen an jeder seite.

die steile straße führt nach norden. zwei europäer stehen an ihrem auto
und hantieren daran.

vater hält an und fragt auf englisch, ob sie hilfe brauchen.

und schon kommt ein militärjeep an, der korporal springt heraus:

«kennen sie diese ausländer, herr oberst? worüber haben sie mit ihnen
gesprochen?»

«ich dachte nur, daß sie hilfe brauchen …»

«herr oberst, darum kümmere ich mich», und er nimmt den engländern
den paß ab.

nach einer weile spricht vater mit dem kind:

«mein sohn, du hast gesehen, wie ein korporal mit mir gesprochen hat.
was glaubst du, wie er mit dir umspringt?»

der chevrolet rollt weiter hinauf. auf der rechten seite, jenseits der
schlucht und über dem fluß, liegt die sowjetunion. soweit das auge
reicht: ein feiner sand.

«selbst eine ameise hinterläßt in dem sand spuren, geschweige denn ein
iranischer flüchtling.»

ardebil

die stadt sei bekannt für zwei dinge: für windbeutel und muezzine,
    sagt vater.

bei der ankunft meldet er sich erst bei der militärpolizei, dann im
    offiziersclub, und reserviert ein zimmer.

der nächste gang ist zu windbeuteln, dazu ein starker tee.

vater spürt unruhe im café und fragt auf aserbaijanisch, ob etwas nicht
    stimme.

«nichts, herr oberst, nur freunde.»

ein korporal tritt ein und salutiert: «herr oberst, kennen sie mich nicht
    mehr?»

die männer umarmen sich und küssen sich auf die wangen.

er habe in teheran unter vater gedient, erzählt er laut.

«wollen wir gehen, herr oberst? meine frau hat das abendessen schon
    vorbereitet.»

vater murmelt etwas von dem offiziersclub.

«ihre sachen habe ich bereits abgeholt und bei mir untergebracht.»

sein haus hat zwei zimmer. er schläft mit der frau und fünf kindern in
    einem und überläßt das größere zimmer den gästen.

beim frühstück nimmt halbmutter den eigenen zucker.

«aber frau oberst, wir haben auch zucker.»

nun schluchzt schon die frau:

«mein mann hat gesagt, herr oberst ist wie sein vater. ich habe mich
    geehrt gefühlt, daß sie mein gast sind. und jetzt benutzen sie in
    meinem haus ihren zucker?»

niemand spricht auf der straße persisch; hier ist die hauptstadt der
provinz aserbaijan.

in tabris herrschen die pappeln, in teheran die platanen.

ein jeep holt die fremden ab, samt zwei musikern. die instrumente sind in
einem koffer verstaut – es ist der trauermonat. während der fahrt
flüstern die blinden musiker miteinander.

mittagessen bei biyuk, dem kameraden des vaters seit der kadettenschule.

ein kloß hackfleisch, groß wie ein fußball. mit nüssen, kräutern und
eigelb vermengt und in safran gebraten. bevor der kloß auf den tisch
kommt, macht man ein loch hinein, steckt einen spatz in das loch und
macht es zu. auf dem tisch öffnet die gastgeberin den kloß. der spatz
kriecht heraus und fliegt durch das offene fenster fort.

die musiker essen das gleiche essen in einem anderen raum, dann spielen
sie für die gäste.

bei der dämmerung will vater im basar die trauerprozession sehen.

die männer sind barhäuptig. als zeichen der trauer tragen sie die jacke
und die weste offen.

in der linken hand eine kerze, mit der rechten schlagen sie sanft auf ihre
brust; gedämpfe rufe gedenken der märtyrer.

oberst biyuk erzählt

der gastgeber ist höchstens 165 zentimeter groß. dazu kommt,
    daß sein name «der große» bedeutet.
zu jeder jahreszeit zieht er stiefel an, um größer zu wirken. mit seinem
    melodischen aserbaijanischen akzent erzählt er dem kind von der
    kadettenschule.
«weißt du überhaupt, warum ich offizier geworden bin?»
das kind weiß es nicht.
«bis zum 14. lebensjahr saß ich in einer bank mit einem freund,
    der auch in unserer gasse wohnte – wir waren unzertrennlich. nach der
    mittleren reife ging er zur kadettenschule. sein familie war arm und
    konnte das gymnasium nicht finanzieren.»
oberst biyuk schlägt sich auf seinen schenkel:
«amán, das bedeutete trennung. ich habe getobt, habe 48 stunden
    geweint und wollte auch zur kadettenschule, um bei meinem freund
    zu bleiben.»
«haben sie es geschafft, herr oberst?» fragt das kind.
«meine familie war vermögend, generationen lang haben sie im basar
    gearbeitet. die offizierslaufbahn war für sie beinahe eine schande.»
der oberst läßt sich zeit und verkündet dann:
«aber ich habe es geschafft.»
das kind klatscht in die hände und schreit hurra.
oberst biyuk streckt seine hand aus, das kind schlägt ein.
«junger freund, immer dem herzen nach.»

oberst biyuk erzählt weiter

das kind will wissen, was aus dem alten freund geworden ist.

«er wurde bald aus der kadettenschule ausgeschlossen.» herr oberst dreht
    sich um und lacht:

«ich hatte ja einen neuen freund. und weißt du, wo unsere erste
    dienststelle war?»

das kind schüttelt den kopf.

«tschah-behar. weißt du, wo das ding liegt?»

das kind weiß es nicht.

«am persischen golf. im äußersten südosten. tabris ist im nordwesten.»

oberst biyuk schaut hinüber zum vater. die offiziere sprechen
    aserbaijanisch und lachen.

«ja, das muß ich dir noch erzählen», sagt oberst biyuk und wendet sich
    dem kind zu.

«mein vater fragte in jedem brief, wo ich denn diene. und ich wiederholte
    den ortsnamen.

dann kam das neujahr. ich lud deinen vater ein, die feiertage bei meiner
    familie in tabris zu verbringen. nach dem ersten abendessen bat uns
    mein vater in sein arbeitszimmer. dort bedeckte die iranische landkarte
    die ganze wand.

‹wollen die herren offiziere mir erklären, wo der ort liegt, wo ihr dient?›

wir suchten gemeinsam, bis wir tschah-behar gefunden hatten –
    unter dem reißnagel.

‹die herren dienen also im after unseres vaterlandes.›»

eine jüdische frau

sie ist vielleicht elf jahre alt, schlank, mit schwarzen augen und heißt
   raena.
ein gassenhauer heißt so.
sie ist stolz auf das lied und genießt die schmachtenden blicke der jungen
   in der gasse.
großmutter weiß wieder mehr, raena wolle zum islam übertreten.
   aber sie habe angst, die eltern würden sie dann verbannen.
als das kind aufmacht, steht raena vor der tür:
«kannst du nicht kommen und in der küche feuer machen?»
das kind brennt darauf.
großmutter zischt vor sich hin:
«diese juden, sie haben am schabbes angst vor feuer.»
raenas augen fragen immer noch.
«gehe hin, mein sohn! wenn wir das nicht tun, lastet die sünde auf uns.»

dreierbande

«du willst wohl den dicken mann spielen? aber damit wartest du lieber,
    bis deine pisse schaum hat», ruft mama rosa ihrem sohn nach.
der vetter sucht zuflucht bei seiner schwester und dem kind.
die kinder lecken einander zwischen den zehen, erzählen von
    verschiedenen geschmäckern und vergessen die erwachsenen.
«wenn ein kind vom eigenen kot ißt, wird es besonders intelligent»,
    meint die cousine.
das kind will es gleich versuchen.
doch der vetter warnt:
«wenn die es erfahren, erwartet uns eine schlimme strafe.»
nachts schlafen die kinder auf dem flachdach und sammeln sterne.
der mond, leuchtend und berührbar, schweigt.
wenn der schlaf in den augen stärker wird, steckt jeder seinen stern unter
    die decke.
morgens werfen die kinder die matratzen und die bettwäsche runter in
    den hof, abends tragen sie sie wieder hoch.

die erste zigarette

auf dem wege zur schule beschließt das kind, endlich eine zigarette zu
   rauchen.
natürlich winston, weil amerikanisch.
es kauft eine zigarette, geht in den park und setzt sich auf eine bank.
nach dem ersten zug wird einem schwindlig, weiß es von schulkameraden. das kind lehnt sich zurück und gibt sich der zigarette hin.
der park dreht sich vor seinen augen.
das kind schwebt fort – auf eigenen flügeln – aus dieser stadt mit ihren
   verboten.
nach einem jahr oder vielleicht noch länger steht es auf und geht weiter –
inzwischen mächtig gewachsen.
vor dem gymnasium kauft das kind beim schreibwarenhändler eine
   packung cin-cin und läßt das pulver auf der zunge zergehen.
cin-cin nehme den zigarettengeruch, glauben schulkameraden.
der schreibwarenhändler hat auch eine flasche nagellackentferner für
   gymnasiastinnen. sie haben gestern eine party gefeiert. jetzt müssen
   sie den lack entfernen, bevor sie das gymnasium betreten.

crassus

jeden morgen macht sich die ordonanz für den einkauf zeichen.

alle wissen, daß der mann analphabet ist, und niemand versteht dieses
system.

einmal fragt baba schazad:

«zeig mir mal deinen zettel, ich will wissen, wie du das aufschreibst.»

crassus wird rot im gesicht und senkt den kopf:

«herr oberst, sie werden es nicht entziffern.»

seinen namen verdankt er dem vetter und dem kind, weil in der schule
gerade die historische figur durchgenommen wird.

er ist nur vier jahre älter als die kinder und stammt aus einer kleinstadt,
eine stunde von teheran entfernt – mit der zeit wird er ein freund.

sein großer vorteil: er ist raucher.

nachts liegt er neben den kindern auf dem flachdach und lacht sie aus,
weil sie schnell mehrere zigaretten hintereinander rauchen.

«nach dem militärdienst fahre ich nach hause. dort werde ich der könig
sein, denn ich habe zwei jahre in der hauptstadt gelebt.»

crassus erzählt gern von seiner stadt und von seiner rückkehr.

«ich werde auch bald heiraten; meine mutter sorgt schon dafür.»

die kinder lachen und klatschen in die hände.

«aber ihr kommt zu meiner hochzeit, oder?»

der hahn

der nachbar von baba schazad hält in seinem hinterhof einen hahn, der
    kräht zu unzeiten –
meist in der morgendämmerung.
der nachbar ist lastwagenfahrer; die sind berühmt für ihre liebe zu
    hähnen.
dienstmädchen erzählen in der gasse, seine frau sei auf das tier eifer-
    süchtig.
einmal hat sie sogar einen hahn geschlachtet und verzehrt.
als der ehemann von der fahrt zurückkam, hat er seine frau gründlich
    durchgeprügelt, bis die nachbarn einschritten.
baba schazad ist offizier und muß um fünf uhr aufstehen, der hahn
    beginnt um vier uhr zu krähen. crassus soll hingehen und protestieren.
«der nachbar soll den after seines hahnes mit vaseline beschmieren, dann
    kann er nicht mehr krähen», sagt baba schazad.
der römische legionär geht hin und kümmert sich um den after eines
    hahns.

die wahrheit und die leinwand

an diesem freitag verspätet sich die ordonanz.

«der mann hat sich wieder verlaufen», mutmaßt vater.

es läutet, das kind macht auf.

ein mann in lederjacke steht vor der tür neben seinem motorrad.

schon weiß das kind, welchen beruf er ausübt. die kinos haben kuriere,
die die filmrollen rasend durch den teheraner verkehr von einem kino
zum nächsten fahren.

«herr oberst, die ordonanz randaliert im kino.»

vater fährt mit dem taxi hin und kommt nach einer stunde mit seiner
ordonanz zurück. mit gesenktem kopf schleicht der mann in seiner
uniform in die küche.

vater schlürft seinen tee:

«er kannte den film schon. bei einer bestimmten szene springt er auf und
schreit:

‹die frau lügt. der mörder ist der mit dem bart, der gerade hinter der
leinwand verschwunden ist.› dann stürmt er auf die bühne, um den
mörder zu erwischen. mehrere leute versuchen ihn zu beruhigen.
doch der tapfere soldat seiner majestät kämpfte entschlossen für die
wahrheit.»

der immer wiederkehrende traum

jemand läutet.

das kind ist allein zu hause und geht öffnen.

zwei männer stehen vor der tür – anzug, krawatte, sonnenbrille.

das kind ergreift die flucht.

es rast die treppe hinauf – bis zum flachdach.

die männer folgen ihm.

dort oben überlegt das kind einen augenblick.

dann schließt es die augen und springt kopfüber in den patio.

noch im sturzflug wacht das kind auf.

in manchen nächten gibt es eine variante:

auf dem flachdach wirft es einen blick hinab, es schwindelt ihm,
    und es bleibt stehen.

die verfolger werfen es in den patio.

beim aufprall wacht das kind auf.

der traum bleibt ihm für jahrzehnte treu.

ein refugium

nach dem aufstehen trägt großmutter das bettzeug ins hinterzimmer und
    stapelt es auf.
hier betet sie auch, da niemand zutritt hat und sie sich geschützt fühlt.
nachmittags flüchtet sich das kind dorthin, klettert hoch und legt sich auf
    das bettzeug.
sein königreich dauert bis zur gebetsstunde am abend.
hier liest das kind seine bücher und sinnt.
das fenster zum hinterhof ist klein, das kind kann nicht hinausfliegen.
    es bleibt hier und träumt, auch davon, einmal eine antwort zu
    bekommen, ohne eine frage zu stellen –
doch die erwachsenen lieben fragen.
nur mama charmante versteht es, mit ihren antworten das kind zu
    besänftigen –
ohne eine gegenleistung zu fordern.

ein streit

für gewöhlich ißt das kind mit vater und seiner frau.

an diesem feiertag hat vater dienst und kommt spät am abend.

im hinterhof spielt das kind für sich allein, die mauern sind hoch und
  geben ihm geborgenheit.

halbmutter ruft vom zweiten stock zum mittagessen.

großmutter betritt den hinterhof und schreit:

«den dreck von dieser frau brauchst du nicht zu essen; ich koche für
  dich.»

halbmutter rast die treppe herunter, kreischt und schlägt auf großmutter
  ein.

sie geht zu boden und flucht.

das kind verläßt beide frauen und das haus.

es geht, es läuft bis zu tante zinat, über eine stunde.

als das kind dort ankommt, ist es ruhig und hat keinen hunger mehr.

großmutter ruft an.

das kind will mit niemandem telephonieren.

mama charmante kommt mit einem taxi an:

«kommst du mit, wenn ich als deine freundin dich darum bitten würde?»

das kind nickt und folgt.

mama charmante

in der nacht darf das kind bei mama charmante schlafen.

am morgen weckt es der vater mit einem kuß:

«alles wird gut, verlaß dich auf mich.»

den ganzen vormittag bleibt das kind auf der straße und spielt fußball.

zu mittag darf es allein mit seiner mama charmante essen, dann legt sie
sich schlafen.

nach einer stunde geht es auf leisen sohlen ins zimmer, macht den
samowar an, bleibt daneben sitzen ohne einen mucks.

das summen des samowars weckt mama charmante. sie dreht sich um
und murmelt im halbschlaf: «oh, mein liebster sohn ist hier und denkt
an mich.»

sie bekommt ihren tee mit rosinen, bleibt auf dem kanapee liegen:

«heute mußt du mir einen gefallen tun.»

rasch nickt das kind.

«du liest mir eine seite von hafes vor, und unser tag wird schön.»

als das kind den blick hebt, ist das gesicht von mama charmante
voller tränen.

«weißt du, hafes kennt uns und sagt immer die wahrheit.»

sie wischt sich ihre tränen ab:

«du weißt, daß ich keinen mann mehr habe. und ich kann doch schlecht
allein ausgehen.

begleitest du mich ins café naderi?»

café naderi

mama charmante ruft an, reserviert einen platz am fenster und bestellt
    ein taxi.
sie gibt dem kind das portemonnaie.
«du bist heute der mann, du zahlst.»
das taxi fährt in den süden und hält vor der armenischen kirche. auf der
    anderen seite das café, von einem armenischen emigranten
    aus baku gegründet.
ein würdiger herr grüßt mit seinem aserbaijanischen akzent und führt
    uns zu dem tisch.
rasch erzählt das kind, was es neulich in der zeitung gelesen hat:
«william saroyan, der große armenische erzähler, war hier. die kellner
    erkannten ihn und sprachen ihn auf armenisch an.»
mama charmante hört zu und nickt.
«der türkische kaffee ist hier herrlich dick. du bekommst bestimmt crème
    glacée. oder?»
als das kind die bestellung aufgibt, wiederholt der kellner das wort crème
    glacée mit pariser akzent.
die tür der terrasse steht offen. im verwilderten garten spielt ein trio,
    paare tanzen.
«schade, daß ich nicht tanzen kann, sonst hätte ich dich um einen tango
    gebeten», sagt mama charmante und schlägt dem kind auf die hand.
«mama charmante, warum sind sie so gut?»
sie lacht, verdeckt mit der hand den mund und das große muttermal auf
    dem kinn.
«weißt du, es ist sehr einfach. meine kraft reicht nicht zu schlechten taten.»
das kind betrachtet seine mama charmante und nickt.
«und du. du solltest wissen, daß dich viele menschen lieben – jeder auf
    seine art.»

kriegsrat I

vater sitzt am tisch, auch mama charmante.

großmutter sitzt auf dem boden und keift.

zum hundertsten mal hört das kind den vorwurf:

«dein vater von einem gauner hat uns verlassen. mit leeren händen habe
ich drei kinder erzogen und für ihre bildung gesorgt. und das ist dein
dank?»

vater antwortet, beschwichtigt, sucht hilfe bei der schwester.

«dafür werde ich von deiner frau geschlagen», fährt großmutter fort.

vater schweigt und blickt umher.

großmutter gerät in rage und beschimpft die halbmutter.

plötzlich springt vater auf, reißt sich das hemd auf und schreit:

«das genügt, ich hole jetzt meinen colt.»

jahre später erzählt mama charmante, das kind sei aufgesprungen und
habe sich dem vater zu füßen geworfen.

«baba, baba!»

vater verläßt den raum.

das kind sucht den schoß von mama charmante – sie verbirgt die tränen
und hält das kind fest.

beschluß I

am nachmittag erscheint vater mit einem geschenk für seine mutter,
   mama charmante begleitet ihn.

das kind wird hinausgeschickt.

zum abendessen holt vater seinen sohn ab.

«ab morgen suche ich ein haus für uns drei.»

«du hast doch nichts dagegen?», fragt halbmutter.

das kind schüttelt den kopf.

zum schlafen geht Vater runter.

großmutter verkündet mama charmante:

«mein kind überlasse ich der stiefmutter nicht, sie wird es umbringen.»

das kind antwortet nicht.

mama charmante spricht mit ihm.

«dein vater wird eine lösung finden.»

«über meine leiche», ruft großmutter.

kriegsrat II

«heute abend gehen wir ins café naderi», sagt vater.

das kind folgt.

dort sitzen bereits mama rosa und baba schazad, auch der vetter.

nach einer weile sagt baba schazad:

«setzt euch ruhig an einen eigenen tisch.»

das kind hätte es als verrat empfunden, wenn mama charmante zu der
gesellschaft gehört hätte.

«steck deine hand in die tasche, lege das kinn in die andere hand und
schaue durch das fenster, wie richtige männer», empfiehlt der vetter.

«eis für die herren», sagt der kellner.

die richtigen männer schauen durch das fenster und führen ihre
gespräche.

am anderen tisch wird ein beschluß gefaßt.

das kind wird für den sommer zu mama rosa abgeschoben –

ganz in die nähe von tante zinat.

beschluß II

«mein haus war immer auch dein haus, das weißt du doch?»
das kind weiß es und nickt.
baba schazad steckt einen zuckerklumpen in den mund und schlürft
    seinen tee:
«du bleibst den sommer bei uns, bis die streitigkeiten sich gelegt haben.»
das kind antwortet nicht.
«das nächste schuljahr verbringst du dann im internat, im besten
    gymnasium des landes. so will es dein vater.»
das kind antwortet immer noch nicht.
das internat wurde von amerikanischen missionaren gegründet. das
    kolleg, wie es im volksmund heißt, ist bekannt für seine disziplin.
vor dem schlafengehen kommt tante zinat:
«auch das geht vorbei. das jahr ist vorüber, bevor du einmal die augen
    schließt und wieder öffnest.»

eine gute freundin

«morgen ist neujahr, ich will, daß du einen blumenstrauß für meine
    freundin besorgst.»
«für minu-chanum?», fragt das kind und fügt hinter dem namen das wort
    «lady» hinzu.
«ja, machst du das?», fragt mama charmante.
dem kind ist aufgefallen, daß die beiden damen sich nie duzen. es liebt
    diese freundschaft, geht hinaus und sucht.
am abend kommt minu-chanum, umarmt mama charmante und bedankt
    sich für die blumen.
mama charmante fragt, warum ihre freundin bedrückt ist.
«mein mann», sie schluchzt.
ganz teheran kennt den fall: er ist großgrundbesitzer, kommunist und
    heroinsüchtig, verläßt nie das bett, liegt da und liest seine franzosen.
«heute waren sie wieder da.»
minu-chanum wischt ihre tränen ab.
«sie haben ihn verhört, wie er da im bett lag. dann haben sie das ganze
    haus durchsucht nach schädlicher literatur – am neujahrstag.»

der sommer

in der nähe von tante zinat, immer mit dem vetter.

einmal in der woche muß sich das kind der großmutter zeigen, der vetter
  begleitet es.

die kinder gehen zu fuß, kaufen unterwegs sonnenblumenkerne, werfen
  sie in den mund, essen den kern, spucken die schale aus, kehren ein
  bei andré, bestellen huhn-sandwiches und trinken coca cola.

vater hat ein neues haus gemietet. halbmutter hat das zimmer im dritten
  stock hergerichtet.

«wenn du aus dem internat zurück bist, hast du ein eigenes zimmer.
  freust du dich?»

das kind nickt.

den sommer über schläft das kind neben dem vetter auf dem flachdach.
  sie erzählen sich von sternen und rauchen heimlich.

im herbst schlafen die kinder in einem zimmer, abends machen sie die
  heizung an.

sie stehen am fenster und schauen in die gasse hinein. das herz voller
  sehnsucht nach einem unbekannten chaos. das kind erzählt, daß es
  früher durch das fenster geflogen sei und im himmel geschwebt habe.

dann machen sie die heizung aus und lauschen, wie sie zischt und klopft.
  sie erzählen sich von der zukunft, von einem beruf, von der ehefrau.

eines tages ruft am spätnachmittag ein händler seine ware aus.

die kinder laufen runter, stehen am handkarren und verschlingen
  gekochte rüben.

ein kommunist

wieder nimmt vater das kind mit; sie flanieren in der altstadt.

vater sucht und findet den eingang. das treppenhaus schäbig, eng. im
obergeschoß handwerker. an einer tür steht «französischunterricht».

ein mann sitzt auf einem hocker, kocht auf einem spirituskocher
kartoffeln und summt.

«hurensohn, warum gehst du nicht nach hause und ißt mit deiner frau?»

der mann hebt den kopf, springt auf und umarmt vater.

«weißt du, heute habe ich keine schüler. erfährt das meine frau, gibt es
ein geschrei. ich esse die kartoffeln und habe meine ruhe.»

dem kind gibt er die hand und fragt nach der schule. dann wirft er das
graumelierte haar aus dem gesicht und dreht sich um.

ob das kind die wahrheit kenne – vater schüttelt den kopf.

der mann erzählt, daß er kommunist gewesen ist, aus der armee
entlassen wurde und zehn jahre haft hinter sich hat.

«dein vater kennt meine geschichte, er war mein kamerad in der militärakademie», und er nimmt seinen kameraden in die arme.

«meine frau hat zu mir gehalten und die kinder durchgebracht.»

vater und sohn sitzen auf hockern neben dem freund und essen kartoffeln
mit der hand.

«weißt du, mein sohn, einmal wollten wir die welt ändern. heute bin ich
froh, wenn ich meine frau behalten kann.»

internat

ein kind, ein koffer, ein vorhängeschloß.

vor dem treppenaufgang steht der direktor und begrüßt den vater. aus der
zeitung weiß das kind, er ist mitglied des parlaments aus der provinz
aserbaijan. während er mit dem vater spricht, durchwühlt ein junger
mann die sachen und fragt nach dem vorhängeschloß.

dann darf sich das kind auf einen schemel setzen. ein friseur schneidet
ihm sein haar –

das kahle kind ist interniert.

vater nimmt es in die arme, seine augen sind voller tränen.

«aber herr oberst, das kind geht ja nicht zum militärdienst», scherzt der
direktor und begleitet den vater einige schritte.

drei junge studenten arbeiten dem direktor zu. sie teilen die kinder in drei
gruppen.

jeder schlafsaal beherbergt 30 kinder. die reihenordnung der betten
bestimmt der student.

jedes kind bekommt einen spind und darf ihn mit dem vorhängeschloß
abschließen.

der direktor lädt die kinder zu tee und kuchen ein. er hält eine rede über
disziplin und fleiß.

dann sind die kinder bis zum abendessen frei. im hof nähern sie sich an,
fragen einander, aus welchem viertel sie kommen oder aus welcher
stadt. das kind kennt niemanden. die drei studenten machen runden
um die kinder – bis zum abendessen.

sieben kinder an einem tisch. sie wählen unter sich einen chef, er sitzt an
der stirnseite.

zur feier des tages gibt es huhn, ein huhn für sieben kinder. der tischchef
meint, es lohne sich nicht, das huhn durch sieben zu teilen. es wird
gelost. das huhn wird durch vier geteilt. der rest darf den reis genießen.

die erste nacht

unter den augen des studenten dürfen die kinder einen saalchef wählen,
   es ist einer aus teheran.
vor dem schlafengehen kommt der saalchef von der besprechung zurück:
«wir müssen alle die socken waschen.»
das geschieht unter seiner aufsicht.
danach liegen die kinder in ihren betten und plaudern miteinander. der
   abstand zwischen den betten beträgt zwei meter.
um 21 uhr erscheint der student, wünscht eine gute nacht und dreht das
   licht aus.
im dunkeln klärt uns der saalchef auf, daß der student in der nacht einige
   runden macht.
kaum ist das licht aus, necken sich die kinder. die aus der provinz haben
   es nicht leicht.
um 22 uhr erscheint der student und mahnt mit einem strengen ton zum
   schlafen.
bald winseln einige, schluchzen und rufen nach der mutter.
die teheraner bespötteln die müttersöhnchen aus der provinz.

alltag

in losen gruppen gehen die kinder in die klassen, ohne bewachung.
durch einen park, bis sie den schulhof erreichen.
die anderen kinder empfangen die gruppe und klatschen in die hände:
«rekruuuuten, rekruuuuten!»
die kahlen köpfe verraten die internierten.
die lehrer machen keinen unterschied.
um zwölf uhr kehren die kinder zurück zum mittagstisch, danach ist
    wieder unterricht.
nach dem abendessen sitzen schüler in einem saal und sollen die
    hausaufgaben erledigen –
unter aufsicht.
um 21 uhr ins bett.
das kind ist hier weit weg von den kämpfen.
es genießt seine ruhe und selbst diesen rhythmus.
die nähe der anderen kinder tut ihm gut.

der erste freitag

am donnerstagnachmittag stürmen die kinder hinaus mit hurra und
geschrei.
nach hause oder zu den verwandten in teheran.
das kind hat den freien tag zu hause zu verbringen.
sein zimmer im dritten stock ist bereits hergerichtet.
ein fenster öffnet sich auf die terrasse.
auf der anderen seite blickt das kind auf die eisenhower-straße; sie bringt
teheran zum flughafen.
das flachdach seines zimmers bietet eine weite aussicht auf die stadt.
das ist sein terrain, hier verbringt das kind stunden, wenn vater seine
siesta macht.
am freitagnachmittag muß das kind die großmutter besuchen. sie fragt
nach der bösen halbmutter, nach der sauberkeit im internat. bis das
kind sie daran erinnert, daß es vor dem zapfenstreich um 18 uhr im
internat sein muß. großmutter gibt ihm das geld für den bus. das kind
geht zu fuß. es muß seine stadt sehen, seine augen brauchen das.

der kulturminister

der rektor der universität teheran wird vom schah zum kulturminister
    ernannt.
die presse feiert ihn.
tage später steht seine anordnung in der zeitung, daß in gymnasien
    körperliche strafen verboten sind.
das kind jubelt mit den schulkameraden.
der klassensprecher schneidet die nachricht aus der zeitung aus und klebt
    sie an die schwarze tafel.
der literaturlehrer betritt die klasse, wirft einen blick auf die tafel und
    fragt, wer das ding dorthin geklebt habe.
keine antwort.
«aufstehen!», lautet sein befehl. dann zieht er die jacke aus, krempelt die
    ärmel hoch und verpaßt jedem kind zwei ohrfeigen.
«setzen!» er zieht die jacke an:
«der kulturminister bin ich.»

freitage

das kind weiß, daß es am freitag ein besseres essen gibt. daß man
   fußball spielen kann. daß die sitzung für die hausarbeiten ausfällt.
   daß jedes kind herumlaufen kann.

am nächsten freitag bleibt es im internat.

von seinem taschengeld kauft es mit weiteren vier kindern einen fußball.

mit dem eigenen ball spielen sie.

da kommt vater und fragt nach ihm.

es muß das spiel unterbrechen, sitzt neben dem vater und beantwortet
   seine fragen.

ob etwas besonderes vorgefallen sei, will er wissen.

das kind schüttelt den kopf und schielt hinüber; seine schulkameraden
   haben das spiel unterbrochen und warten.

vater sagt, er habe mit dem direktor gesprochen, die noten seien gut,
   das kind mache hier keine probleme.

das kind nickt und senkt den kopf.

«ist gut. gehe fußball spielen. am nächsten freitag kommst du nach
   hause.»

herr doktor

so nennen die kinder den physiklehrer.

ganz teheran kennt ihn. sein bruder ist der kp-chef; seit jahren flüchtig,
in moskau wartend.

herr doktor ist stets korrekt gekleidet, der scheitel im graumelierten haar
akkurat.

er spricht jedes kind mit herr an, züchtigt niemanden, ist äußerst
beliebt – trotz seiner strenge.

vor einer woche haben die primarlehrer demonstriert – für höhere
gehälter.

die polizei schießt in die menge, ein lehrer bleibt auf der strecke.

als herr doktor in der nächsten physikstunde die klasse betritt, sagt er wie
üblich:

«die herren mögen wieder platz nehmen.»

kaum hat er das klassenbuch auf den tisch gelegt, da steht ein kind auf:

«herr doktor, ich möchte bitten, eine schweigeminute für den ermordeten
lehrer einzulegen.»

herr doktor knöpft die jacke zu.

«dann bitte ich die herren aufzustehen», und er nimmt haltung an.

nach der minute hören die kinder ihren physiklehrer:

«ich danke ihnen, meine herren.»

in der nächsten woche wird er von einem jungen mann vertreten.

nach drei wochen kommt herr doktor wieder. ein kahler kopf ersetzt die
haarpracht.

die klasse steht auf und klatscht in die hände.

«ich danke ihnen, bitte nehmen sie platz!»

dr. baruch

er ist der arzt der familie.

ausgerechnet die großmutter schwört auf ihn.

das kind neckt sie:

«aber großmutter, dr. baruch ist jude.»

«ja, mein sohn, aber arzt ist arzt.»

auf seinem schreibtisch steht eine silberne schale. großmutter wirft
geldscheine hinein, wenn der arzt fertig ist – meist schaut er weg.

eines winternachts ist dem kind unwohl.

es würgt, kann kaum sprechen, die welt um seine augen erscheint ihm
trüb.

dann sieht es den vater in uniform, neben ihm dr. baruch.

der arzt zieht den mantel aus, darunter hat er nur einen pyjama.

das kind trinkt eine lauwarme lösung und sieht noch, wie tante zinat
einen eimer hereinträgt.

es muß sich übergeben und erblickt im eimer einen wurm, klein, farblos.

«es ist alles vorbei», dr. baruch legt die hand auf den wehen bauch.

«ein fadenwurm. keine gefahr, herr oberst. morgen bringen sie das kind
in die praxis.»

dr. baruch gibt dem kind einige tropfen: «damit du ruhig schläfst», und
steht auf.

das kind sieht, wie der vater in seine tasche greifen will, wie dr. baruch
die hand abhält:

«aber herr oberst, wir sind doch nachbarn.»

vater nimmt haltung an und salutiert:

«dann gestatten sie mir, herr doktor, sie nach hause zu begleiten.»

eine hochzeit

die tochter von mama charmante geht in kurzen röcken zur universität.
großmutter mahnt: «mädchen, denke an gott und an die jungen
    im viertel.»
sie heiratet einen iraner aus florida, älter als ihre mutter.
tante zinat schmunzelt: «deine cousine heiratet amerika.»
die hochzeitsfeier findet im haus statt.
unter den gebannten blicken des kindes zieht ein elektriker
    lampengirlanden über die gasse.
vater meldet die hochzeit beim nächsten polizeirevier.
«das ist vorschrift.»
am abend erscheint ein polizist, salutiert und nimmt auf einem stuhl vor
    der tür platz.
«der polizist sorgt für ruhe», zwinkert vater.
der bräutigam besteht darauf, daß ein mullah die zeremonie leitet.
die gäste klatschen in die hände, die braut wird geküßt, das essen wird
    aufgetragen.
vater gibt dem kind einen umschlag:
«gib das dem mullah und sag ihm, er soll gehen.»
schüchtern nähert sich das kind:
«das ist von meinem vater und er sagt ...»
«ja, mein sohn. sobald ich gegessen habe, gehe ich.»

das radio

«herr oberst, mit diesem radio empfangen sie auch baku ohne antenne»,
versichert der armenier mit seinem akzent.

das kind weiß: erwachsene hören oft ausländische sender.

radio kairo sendet die reden von gamal abdel nasser – auf arabisch und
persisch.

radio london sendet eine stunde persische nachrichten.

in seinem zimmer schaltet das kind das radio ein. eine grüne lampe
leuchtet, führt das kind durch den äther. sprachen drängen sich auf,
begleitet von störgeräuschen, bis radio teheran kommt.

nach den abendnachrichten um 20 uhr erklingt die nationalhymne, bevor
der armee-sender sich meldet. korporal huschang baschirnejad grüßt
seine zuhörer. nachrichten aus dem armeebereich folgen. dazwischen
ein lied. wieder ernennungen der militärgarnisonen.

es folgt ein hörspiel. für das kind ist nur die absage spannend: autor des
hörspiels: korporal huschang baschirnejad. regie: korporal huschang
baschirnejad. darsteller der reihe nach:

korporal huschang baschirnejad. musik: korporal huschang baschirnejad.

zwischen den liedern und den nachrichten kommen botschaften.

«rekrut ahmad ahmadi, benachrichtigen sie ihre alte mutter im dorf ali
abad in der provinz chorassan. sie hat seit genau 23 tagen nichts von
ihnen gehört.»

das kind lacht über diese botschaften und erzählt es dem vater.

das seien codierte nachrichten an die mitarbeiter des militärgeheimdien-
stes, sagt vater.

das kind versteht den sinn nicht.

«jeder agent kann in jedem teehaus die nachricht hören, ohne aufzufal-
len.»

arm, aber sauber

er trägt zu allen jahreszeiten einen roten schal.

seine haarpracht ist wirr und für den wind gemacht.

«arm-aber-sauber» schneidet mit seinem taschenmesser das schilfrohr.

mit der abgeschrägten spitze üben die kinder schönschrift.

das kind haßt diese stunde, seine schrift ist dementsprechend.

während die kinder üben, geht der lehrer auf und ab und rezitiert obszöne
    gedichte.

außerhalb der schule schenkt er einem auch mal eine zigarette.

dann bleibt er wochenlang weg.

als er zurückkehrt, trägt er seine glatze mit stolz.

die kinder stehen auf und applaudieren dem lehrer, der wieder einmal im
    gefängnis saß.

er geht umher, kämpft gegen tränen, bleibt stehen und holt sein
    zigarettenetui heraus, zündet sich eine an und bietet den kindern auch
    welche an.

«ich weiß, meine herren, ich komme aus der provinz und ich bin arm.
    aber ich kämpfe für mein recht», seine stimme rutscht aus.

«arm-aber-sauber» zieht an seiner zigarette und sagt:

«das sollte jeder tun.»

der geruch der orangenschale

das kind begleitet baba schazad auf den gemüsemarkt nahe dem
    parlament.
winterorangen werden feilgeboten.
auf manchen ist eine stempelschrift zu sehen: «jaffa» –
sie sind billiger.
baba schazad murrt über orangen aus israel.
«herr general, mit einer bürste können sie die schrift wegradieren –
    ihre besucher bekommen das gar nicht mit.»
nachdem die besucher fort sind, reißt sich das kind um die orangen-
    schalen. mit dem messer entfernt es die weiße innenhaut, bis die gelbe
    schale durchsichtig ist. dann schneidet es sie in kleine streifen –
für die bittermarmelade.
einen teil darf das kind auf der heizung ausbreiten –
den geruch mögen selbst die erwachsenen.

das letzte haus

das haus liegt ganz in der nähe der firma pepsi-cola – deren frontseite ist
   aus glas.
massenweise pilgern menschen dorthin und bewundern das fließband.
jemand läutet, das kind öffnet.
die nachbarin im schwarzen schleier überreicht eine schüssel süßigkeit.
«willkommen in unserem viertel.»
«mögen ihre hände nie schmerzen», antwortet das kind.
«sie sind aserbaijaner», sagt halbmutter, «diese süßigkeit ist dort
   berühmt.»
am tag darauf spült sie die schüssel, wirft jasminblüten rein, und das kind
   bringt sie zum nachbarn zurück.
bald kommt herr farsam zu besuch; er ist in der tat aserbaijaner und
   arbeitet im basar.
er spricht mit vater und halbmutter in der fremdsprache.
herr farsam ist zwischenhändler für stoff. er hat nicht einmal eine stube;
   mit stoffmustern in der hand geht er den ganzen tag durch den basar.
morgens fährt er mit dem taxi hin, mittags mit dem taxi zurück, nach
   dem essen und der siesta nimmt er wieder ein taxi und am abend
   kommt er auch mit einem taxi zurück.
vater munkelt:
«ich diene seit mehr als 20 jahren in der armee und kann mir vier
   taxifahrten am tag nicht leisten.»

ein huhn stirbt

halbmutter schärft dem vater ein, für den freitag ein huhn zu kaufen –
das kind begleitet ihn.

mitten auf dem pflaster steht ein geflügelhändler, eine schar lebender
hühner neben sich.

die füße sind zusammengebunden, die hühner gackern und bewegen
sich, ohne fortzukommen.

«herr oberst, wollen sie selbst …?»

vater überläßt ihm die wahl.

er wählt eins aus, kneift dem tier in die seite und preist das gesunde
fleisch.

mit dem mittelfinger greift er unter den bindfaden zwischen den füßen
und hebt das tier hoch.

es schlägt mit den flügeln auf und ruft.

«wollen sie es selbst schächten, herr oberst?»

«machen sie das», antwortet vater.

aus seinem hosenbund zieht er ein messer, schneidet dem huhn den hals
auf und wirft es auf den gehsteig.

das huhn zappelt, gackert und versucht zu entkommen – so verliert es
noch mehr blut.

vater nimmt das kind beiseite, damit es vom blut nicht bespritzt wird.

alle warten, bis das huhn tot ist.

der mann wickelt das tote tier in zeitungspapier ein.

zigeuner I

nahe pepsi-cola liegt ein brachgelände.
bald ziehen hier zigeuner ein und bauen ihre favelas.
ihre frauen sind unverschleiert und laut – sie sprechen auch fremde
    männer an.
eine zigeunerin sitzt da, angelehnt an das blech ihrer behausung, und
    stillt ein baby.
ihre brüste sind voll und blenden das kind.
«junger herr, komm näher!»
das kind gehorcht.
«ich lese dir aus der hand, willst du?»
sie legt das baby auf den schoß und bedeckt sein gesicht mit einem tuch.
ohne das kind aus den augen zu lassen, streichelt sie die brust,
    drückt darauf, bis milch herausspritzt.
«willst du, junger herr?»
rasch flieht das kind die entblößte brust und hört die zigeunerin in
    seinem rücken lachen.

mehrabad

das kind liebt den flughafen.

er ist ein ort für müßiggänger. junge menschen wählen den flughafen für
ihre heimlichen rendezvous. der ort ist unverfänglich, immer voll von
besuchern.

das kind nimmt mit seinem vetter den bus und fährt dorthin.

heute sehen die kinder ein besonderes schauspiel.

eine familie trägt ihren batteriegeladenen plattenspieler in den wartesaal
und dreht den lautsprecher auf:

«teheraner nächte», das chanson füllt den raum mit seiner melancholie.

die besucher werden leise und lauschen. mit tränen in den augen
verabschiedet sich der sohn von dieser stadt.

das kind geht mit dem vetter in den ersten stock, zum café.

die kinder warten, bis sie einen platz am fenster bekommen. sie bestellen
einen café glacé und schauen hinunter. die passagiere gehen auf dem
rollfeld zu ihren flugzeugen, drehen sich um und winken.

die kinder sprechen davon, selbst einmal von hier fortzufliegen.

freunde

nachmittage, hunde, platanen, krähen.
aber das kind hat noch mehr freunde.
die maulbeerbäume.
sie umzingeln teheran regelrecht.
die bäume sind mächtig und verschenken ihren schatten wahllos.
sie versorgen das kind mit allem.
die saftigen maulbeeren verschlingt es.
die blätter verwendet es für die raupen.
diese bekommt es von spielkameraden.
den schuhkarton mit einem loch im deckel von halbmutter.
die raupen fressen sich durch die blätter durch und wachsen.
derweil klettert das kind auf den nächsten maulbeerbaum, legt sich auf
    einen dicken ast hin, schließt die hände auf den nacken, schaut in den
    himmel und wartet.
bis die raupen den stoff liefern für ein seidenes taschentuch.

zwei zivilisten

das kind begleitet vater auf einem spaziergang.

aus der entgegengesetzten richtung kommen zwei zivilisten.

sie sind abgerissen, schlecht rasiert, nehmen haltung an und grüßen.

vater bleibt stehen und erkundigt sich nach ihnen.

«herr oberst, wir waren in behbahan ihre unteroffiziere», sie nennen
   ihre namen.

vater fragt, wo sie jetzt stationiert sind.

«wir sind aus der armee entlassen worden, herr oberst.»

der andere fügt hinzu:

«unehrenhaft.»

vater fragt, was sie jetzt beruflich machen.

«herr oberst, wir sind auf der suche nach arbeit.»

«und die familie?»

«wir sind allein, herr oberst.»

der andere sagt:

«herr oberst, wir sind aufeinander angewiesen.»

vater salutiert, umarmt beide und wünscht ihnen alles gute.

sie nehmen haltung an und neigen den kopf.

ein taschentuch

das kind und tante zinat schlendern durch enge gassen.

menschen stehen unter einer platane, sprechen aufgeregt und stoßen
drohungen aus.

ein dieb sei hinaufgeflüchtet und könne nicht mehr weiter.

die menge berät, wie sie ihn fassen soll.

«habt gnade und laßt ihn laufen», sagt tante zinat.

sie wird von der aufgebrachten meute niedergeschrien.

«auch er ist ein sklave gottes», murmelt sie halb zu sich und zieht das kind
hinter sich her.

zu hause verkündet das kind, daß es gerade die mittlere reife bestanden
habe und nächstes jahr ins gymnasium gehe.

es will wissen, was tante zinat ihm schenkt.

sie läßt das kind zappeln –

es zappelt gerne bei ihr.

dann bekommt das kind ein selbstgenähtes taschentuch, blaßblau, mit
borte.

«jetzt bist du ein richtiger mann mit einem taschentuch in der
hosentasche.»

das kind fragt, ob tante zinat ihm jetzt die goldschmied-sprache
beibringt.

«mein kind, das ist eine sprache für alte leute; du brauchst sie nicht!»

die pilgerfahrt

es ist neujahr. das kind bekommt einen neuen anzug, eine nummer zu
groß.

«nächstes jahr paßt er genau.»

teheraner verlassen in scharen die hauptstadt. vater entscheidet sich für
den süden, für schiraz.

früh am morgen: der tankwart und der straßenkehrer, in neuen kleidern,
umarmen sich.

vater steigt aus dem auto und ruft: «was ist denn hier los?»

der straßenkehrer antwortet: «herr oberst, es ist neujahr!»

«dann will ich auch einen kuß», und er geht auf die beiden zu. die männer
umarmen sich, küssen sich auf die wangen und wünschen sich ein
schönes, neues jahr.

das erste ziel in schiraz ist hafes.

vater steigt aus dem auto, zieht die schuhe und die socken aus. das kind
weiß, daß der vater gegen die vorschriften der armee handelt, und folgt
dem barfüßigen auf der straße.

«mein sohn, man geht nicht zu hafes, man pilgert dorthin.»

das kind kennt den propheten. sieht er doch jeden tag seinen diwan
neben dem koran auf dem bücherregal – die beiden propheten
vertragen sich.

am grab stehen junge paare. ohne sich zu berühren, legen sie den
zeigefinger auf den stein und schließen die augen.

«sie versprechen sich die ewige liebe», sagt vater.

das kind weiß auch, daß vater seit jahren mitglied eines lesekreises ist.
der kreis trifft sich regelmäßig. dann wird ein ghasel von hafes gelesen
und interpretiert. lehrer, angestellte, bäcker, professoren, offiziere,
landfahrer sind hier mitglied. sie nennen sich «die hafesergebenen».

ein gebet für unser land

in isfahan führt vater den sohn in die zentralmoschee. die fayencen
   blenden das kind; es hört die erklärungen nicht mehr.
draußen zeigt er auf die hauptsynagoge in isfahan – nur 100 meter
   entfernt.
hinter der tür sitzt ein diener. er springt auf, als er die uniform sieht.
«fragen sie den rabbiner, ob zwei ungläubige die synagoge besuchen
   dürfen.»
der rabbiner erscheint mit einem lächeln:
«herr oberst, unser haus ist offen für alle geschöpfe gottes», und er
   begrüßt vater und sohn mit handschlag.
nach einer kurzen führung fragt er:
«ein kleines gebet, herr oberst?»
«für meinen sohn, chacham.»
der rabbiner erwidert:
«ich werde für ihren sohn beten und für unser land.»

bemani

halbmutter wirft blicke voller arg auf die junge frau. als ahnte sie, daß das
kind diese frau berührt hat.

sie drückt es oft an sich und küßt es. das kind faßt nach ihren brüsten
und glaubt, sie seien allein für ihn so weich.

wenn sie auf einer leiter steht, sitzt das kind darunter und schlürft das
weiß der schenkel.

es meint, das dienstmädchen lasse sich auf der leiter besonders viel zeit.

heute nimmt sie das kind wieder einmal mit zum abendschwatz mit ihren
kolleginnen am rinnstein. das kind sitzt zwischen ihren beinen, drückt
sich dagegen und genießt die wärme.

laut erzählt sie etwas, die dienstmädchen kichern. sie drückt das kind
gegen ihre brüste:

«ich muß mal. und du paßt auf mich auf.»

das kind und das dienstmädchen verlassen die runde.

in einem park bleibt sie vor einer platane stehen.

«du bleibst hier stehen, damit mich kein mann belästigt.»

das kind nickt und vibriert.

vor dem baum geht sie in die hocke und hebt den rock.

der entblößte hintern schimmert in der dämmerung.

gebet und rosenwasser

jemand läutet an der tür.
ein mann mit islamischem bart bittet um spenden für eine neue moschee
  im viertel.
vater weist ihn ab und schließt die tür.
«einen muezzin als unruhestifter brauche ich nicht.»
das kind aber nimmt oft abkürzungen durch eine moschee. besonders
  nach der schule, in der abenddämmerung, sieht es gerne die betenden.
  nach dem gebet grüßt jeder den nachbarn rechts und links. man
  nimmt seine hände, drückt sie, fährt dann mit den eigenen über das
  gesicht.
sollte hier einer der zahlreichen heiligen begraben sein, so verläßt das
  kind die moschee nie mit dem rücken zum heiligen; rückwärts geht es
  hinaus.
moscheen stehen offen – für alle. der fremde, der kein geld für eine
  pension besitzt, findet hier eine bleibe. es gibt räume dafür, mit
  teppichen ausgelegt. wohlhabende bürger spenden sie.
gegen den schweißgeruch schütteln diener den betenden rosenwasser in
  die hände. eine legende weiß, die damaszenerrose sei gesprossen, wo
  der schweiß des propheten fiel.
kinder spielen im hof, während die mutter sich ausruht und keine angst
  hat vor männern, die sie bedrängen. hier steht auch ein wasserhahn.
  man kann sich das gesicht waschen und sich frisch machen. arme leute
  verabreden sich in der moschee des viertels. sie müssen nichts
  verzehren, unterhalten sich, ohne den gott außer acht zu lassen.

der zimmergenosse

der erste winter im neuen haus.

das kind kommt aus dem internat zurück und bekommt einen eigenen
ölofen.

bald ist aladin sein zimmergenosse.

er hört gerne zu, wenn das kind von seinen träumen erzählt –

dann muß es nicht mehr durch das fenster hinausfliegen.

die noten sind schlecht, der vater murrt, das kind paukt, die nächte sind
lang.

das kind plagt sich mit geometrie.

aladin summt, liefert wärme und nescafé –

der letzte schrei in teheran.

gegen morgendämmerung schaltet das kind den ölofen ab.

langsam verschwindet das gesumme, jetzt knurrt aladin für seinen
schützling.

das kind kriecht ins bett und greift mit beiden händen nach dem schlaf.

zigeuner II

«junger herr!»
das kind dreht sich um.
eine zigeunerin stützt sich auf einen gehstock, das gesicht verwittert.
die handfläche, die fesseln und auch das gesicht –
verziert mit tätowierungen.
«junger herr, kauf mir ein halbes brot!»
das kind kauft ein ganzes und kehrt zurück.
ihre augen nehmen sich viel zeit für das kind.
«teile das brot zwischen uns.»
das kind gehorcht.
«die andere hälfte ist für dich», sie nimmt den rest und kaut darauf.
«gefallen dir meine tätowierungen?»
das kind nickt.
«sobald ich satt bin, erzähle ich dir von ihnen und von ihren
    bedeutungen, je nachdem auf welcher stelle des körpers sie stehen.»
die alte frau und das kind stehen mitten auf der straße und genießen das
    fladenbrot.

endlich hat vater seine cousine gefunden. sie ist viel jünger und vater
kennt sie nicht.

die zugfahrt nach norden dauert einige stunden.

der vater der cousine ist der stationsvorsteher und empfängt die besucher. die cousine bricht in tränen aus und will den vater nicht mehr
loslassen.

nach dem abendessen fragt der stationsvorsteher, ob herr oberst etwas
dagegen hätte, wenn er sein opium raucht. seine frau bereitet alles vor,
er legt sich auf die seite und genießt.

das kind schaut zu und ist von dem duft benommen.

vater fragt, ob der gastgeber wisse, daß der genuß des opiums streng
verboten und strafbar sei.

«ach, herr oberst, diese gesetze gelten in der hauptstadt, hier leben wir
nach unserer art.»

der geruch des opiums trägt das kind zurück in den süden –

dort klatschte der mohn mit dem roten maul auf die straße.

«mohnblume, mohnblume», schrie der verkäufer.

großmutter kaufte mohnkörner, die wurden mit zucker zerrieben, hinzu
kam kaltes wasser.

das getränk war erfrischend und laut großmutter gesund.

damals hatte vater schmerzen in den beinen. der arzt verschrieb ihm
opium als theriak.

der patient ging jeden abend in die apotheke, das kind begleitete ihn.

der apotheker reichte dem vater eine kugel opium mit einem glas wasser.

«herr leutnant, sie müssen das medikament in meinem beisein nehmen.»

13. august 1964

vater ist unruhig und fragt schon zum zweiten mal nach der zeitung. bis
 das kind seines amtes waltet und sie bringt. für gewöhnlich schaut er
 erst die todesanzeigen an:
«erst die wahrheiten, dann die lügen.»
doch heute sucht er gezielt eine nachricht:
«heute früh ist leutnant ghobadi standrechtlich hingerichtet worden. der
 flüchtling wurde den iranischen autoritäten vor drei tagen übergeben.
 nach seiner flucht im herbst 1950 hatte ihn ein militärgericht zum tode
 verurteilt.»
vater wirft die zeitung auf den tisch:
«nun haben ihn die russen doch ausgeliefert.»
den rest des tages verbringt er in schweigen.
wochen später ist ein oberst zu besuch:
«ich habe ihn an der grenze abgeholt. leutnant ghobadi kannte ich von
 der kadettenschule. nun sah ich ihn nach 14 jahren wieder. er war
 korrekt gekleidet, in zivil, mit handschellen.
ich salutierte und setzte mich in den jeep neben ihn – gegen die vorschrift.
ghobadi war im norden geboren, wir fuhren durch seine landschaft. ich
 versuchte meinen kameraden durch ein gespräch abzulenken. bis er
 mich anschrie, ich solle ihn mit der landschaft allein lassen. wir
 schwiegen bis teheran, sechs stunden lang.
in der letzten nacht betrat ich seine zelle und fragte, ob er irgendwelche
 wünsche hätte.
‹ich habe niemanden, keine wünsche.›»

raj kapur

er ist der könig der indischen filme, in chaplin-manier spielt er den
    tramp.
wer einen seiner filme besucht, hat ein dreifaches vergnügen. denn die
    hälfte des films besteht aus tanz und musik.
sangam, der liebesfilm über eine dreiecks-beziehung, läuft über ein jahr
    in mehreren kinos, die ausgebucht sind.
selbst großmutter springt über ihren schatten und geht zum ersten mal
    ins kino. die ganze zeit schluchzt sie und vergißt ihr mißtrauen:
«die armen, sie finden nie zueinander.»
die gewagteste szene:
raj kapur und narges auf einem boot unter dem mondschein.
er singt für sie, er tanzt um sie, er berührt sie an der schulter.
narges: «faß mich nicht an!»
raj kapur: «warum?»
narges : «sonst kentert das boot.»
raj kapur: «und dann?»
narges: «dann sinken wir zusammen.»

panzerkreuzer potemkin

die nachricht erfaßt das gymnasium: im kulturhaus der sowjetunion läuft
    der film.
ein muß, da er nie in einem kino gezeigt wird.
der älteste in der klasse instruiert die anderen.
das kind geht gerne mit.
schon am eingang erkennt es die unauffälligen männer.
das saallicht geht aus, das bühnenlicht an. ein alter herr will ein gedicht
    auf seine majestät vortragen.
buhrufe im dunkeln, bis der herr dichter aufgibt.
dann beginnt der film.
bei bestimmten szenen applaudiert das kind mit den schulkameraden.
das saallicht geht an, die agenten – unter dem publikum verteilt –
    springen auf und spähen nach dem feind.
das kind kreuzt die arme auf der brust, wie mit seinen schulkameraden
    besprochen.
die szenerie wiederholt sich einige male. dann erklärt ein mitarbeiter des
    hauses:
«aus technischen gründen wird die vorstellung abgebrochen.»

patrice lumumba

das gymnasium liegt an der hauptachse von ost nach west, an der
universität vorbei bis zum flughafen.
fast alle lehrer waren kommunisten und verfolgt. die kinder kennen die
einzelschicksale.
die lehrer duzen die kinder nie und werden von ihnen respektiert. nie
sprechen sie über politik, die jahre des gefängnisses sitzen in den
knochen, aber die atmosphäre ist anders als in den anderen gymnasien.
hier zirkulieren verbotene bücher unter dem tisch – stendhal, anatole
france, gorki und sartre sind unter uns – heute ist auch patrice
lumumba erschienen.
auf dem campus tragen die studenten fotos des schwarzen präsidenten
und skandieren:
«lumumba, lumumba.»
sondereinheiten der armee riegeln den campus ab, kein eingang, kein
ausgang.
das kind kauft, begleitet von einigen schulkameraden, von seinem
taschengeld fladenbrot und schafskäse. auf dem wege nach hause
werfen sie die belegten brote über den zaun.
die studenten applaudieren, die kinder nehmen reißaus, bevor die
kommandos reagieren.

der alte mann ohne sein meer

beide abendzeitungen veröffentlichen sein foto auf der ersten seite.

im gymnasium herrschten unverständnis und trauer.

«la fiesta» hat das kind achtmal gelesen. die morbide atmosphäre von
   paris wird fortan sein europabild. es ist fasziniert von dem müßiggang
   der génération perdue, die nichts tut und gerne pernod trinkt – mit
   wasser gestreckt. das kind identifiziert sich mit der generation und
   gelobt, pernod zu probieren, sobald es in europa ist.

«in einem anderen land» hat das kind verschlungen. es hat den amerikanischen leutnant geliebt samt seiner melancholie und seiner lebens-
   freude. nach einer knieoperation liegt er in mailand in einem militär-
   lazarett, schaut in die dämmerung hinaus, trachtet über sein leben und
   wartet auf seine geliebte.

und nun hat ernest hemingway selbstmord begangen.

ein staatsbesuch

«meine herren, heute ist die prinzessin von dänemark gast unseres
landes; seine majestät holt sie ab», der direktor geht auf und ab.
die kinder kennen das bild: die straße wird von soldaten gesäumt mit
ihren gewehren und bajonetten.
«es ist angeordnet worden, daß die herren auf die straße gehen und die
prinzessin bejubeln.»
«oh ja! sie soll hübsch sein», entfuhr es einem schulkameraden.
abrupt bleibt der direktor stehen:
«wie bitte? der herr will sich an die dänische prinzessin heranmachen?»
rot im gesicht schreit er: «ich rufe gleich den savak an», und verläßt den
raum.
das wort löst schrecken aus; der geheimdienst ist berüchtigt für seine
methoden –
es folgt schweigen.
minuten später kehrt der direktor zurück und ruft den «schuldigen» beim
namen. dieser steht auf, blaß im gesicht.
«was habe ich gesagt, ich rufe den savak an, ich?»
niemand antwortet.
«ich entschuldige mich», der direktor umarmt den schüler.
die klasse steht auf und applaudiert.
wochenlang sehen die kinder den direktor nicht.

zigeuner III

sie errichten eine bäckerei und verkaufen brot an die nachbarn –
natürlich ohne eine genehmigung.
besonders sauber ist die bäckerei nicht – aber die großmutter ist weit
    entfernt.
es dauert nicht lange, bis die polizei erscheint –
sie fragt nach einem papier.
die nachricht spricht sich herum und erreicht auch das kind.
es eilt hinaus und will dabeisein.
die uniformierten werden laut, denn sie haben den staat auf ihrer seite.
    die nachbarn versuchen sie zu besänftigen. die zigeuner geben nicht
    klein bei.
schließlich greift ein polizist zu seinem schlagstock.
bald sind die nachbarn mit den zigeunern vereint gegen die polizisten –
sie ergreifen die flucht.
die zigeunerinnen tanzen, bespritzen sich und die zuschauer mit wasser
    und singen.
langsam kehren die nachbarn nach hause zurück.
sie wissen, daß morgen mehr polizisten kommen.

gegen dämonen

das kind schlendert eine avenue hinunter.

es ist elf uhr vormittags, die sonne ist noch voller erbarmen.

da sieht es einen körper auf dem gehsteig; er zappelt, lallt, seinem mund
entfließt etwas gelbliches. der mann hat eine pyjamahose an und ein
unterhemd, keine schuhe.

jemand zieht mit dem taschenmesser einen kreis um ihn – einen bann
gegen dämonen.

ein anderer kratzt ein stück lehm von der mauer und hält es ihm vor die
nase.

ein dritter geht ins nächste geschäft, kommt zurück und schüttet ihm
wasser ins gesicht.

der mann macht die augen auf und murmelt etwas.

ein junger mann kommt hinzu, seine arbeitskleidung verrät ihn als
mechaniker.

«stehe auf, du taugenichts, und arbeite! anstatt so ein theater zu
veranstalten und um geld zu betteln.»

der liegende richtet sich auf, schaut dem mann ins gesicht und streckt
die hand aus:

«ich bin zwar krank. aber du kannst nicht einmal einer ohrfeige von mir
standhalten.»

die menge lacht.

das kind zieht sich langsam zurück, geht weiter, erinnert sich an die stadt
im süden, an seine anfälle.

der krieg des zuckers auf kuba

unter diesem titel erscheint ein buch. ein reisebericht von jean-paul
   sartre, veröffentlicht in «les temps modernes».
das kind legt sein taschengeld mit zwei schulkameraden zusammen.
sie losen, wer als erster das buch liest – die anderen müssen warten.
das kind liest, wie fidel castro seinen französischen gast zu einem bier
   einlädt.
das bier ist warm, der präsident schimpft:
«ihr habt keine moral. was sollen unsere ausländischen gäste von
   unserem land denken?»
die kellnerin kontert:
«fidel, du bist schuld. seit wochen warten wir hier auf den mechaniker,
   der den kühlschrank reparieren soll.»
ein paar wochen später weiß ganz teheran, was mit dem verleger passiert
   ist.
im gefängnis hat man ihm gekochte eier, noch heiß, in seinen after
   gesteckt.

jeden donnerstagnachmittag

der religionsunterricht ist am donnerstagnachmittag angesetzt. da laufen
die besten filme; das wissen auch gymnasiastinnen.
«laut gesetz sind religiöse minderheiten nicht verpflichtet, an dem
unterricht teilzunehmen», verkündet der lehrer am ersten schultag.
die halbe klasse steht auf; das kino wartet.
der mullah wird skeptisch und ordnet an, sie sollten nächste woche von
ihren religiösen gemeinden eine bestätigung bringen.
grinsend verlassen armenische und jüdische schulkameraden die klasse.
am samstag erzählen sie dann genußvoll von dem film und von den
hübschen mädchen im kino.
in der klasse fasten nur drei kinder, aber die ganze klasse hält sich daran;
niemand ißt sein sandwich im beisein der fastenden.

ein armenier

ganz teheran nennt ihn karo.
selbst die bücher von karapet derderian erscheinen unter dem kosenamen.
  auf der rückseite jedes buchs sein foto.
eine schwarze locke auf der stirn. augen, als wären sie dem tod entronnen. dann der dünne schnurrbart, der die gymnasiastinnen kirre
  macht.
«karo ist im gefängnis», die nachricht erreicht das kind im gymnasium,
  «wegen eines gedichts.»
karo ist im gefängnis, aber nicht sein gedicht.
das kind schreibt das gedicht zehnmal ab. das blatt faltet es zweimal,
  steckt es in die tasche und wartet auf die dunkelheit.
dann ist es mit einem schulkameraden verabredet, auch er hat das
  gedicht zehnmal abgeschrieben.
die kinder gehen spazieren und warten auf den passenden moment.

duell der gedichte

jeden freitag um 17 uhr widmet radio teheran eine stunde der poesie.

vier personen sitzen am mikrophon, der moderator beginnt mit einem
gedicht.

der erste muß darauf mit einem gedicht anworten. dieses muß mit dem
buchstaben beginnen, mit dem das letzte gedicht geendet hat.

dann kommt der nächste dran.

die teilnehmer sind studenten, lehrer, beamte, handwerker, landfahrer.

wenn ein gedicht besonders schön ist, brandet applaus auf.

der saal ist immer ausgebucht. der eintritt ist frei. die zuhörer prügeln
sich um die plätze.

das kind liebt die sendung, besonders den schlußakt.

da liest der moderator einen leserbrief vor –

natürlich in gedichtform.

meist kommen sie aus der provinz und beklagen ihre armut –

sonst hätten die briefschreiber an der sendung teilgenommen.

major von stauffenberg

der offizier bleibt stehen und salutiert. im paradeschritt kommt er vater
   entgegen, salutiert wieder und umarmt ihn. er wendet sich dem kind
   zu und schlägt die hacken zusammen:
«junger herr, ich bin major von stauffenberg.»
sein riesiger schnurrbart ist nach oben gezwirnt.
auch beim abschied schlägt er die hacken zusammen und salutiert.
das kind fragt, warum der mann so heißt.
«weißt du, wer von stauffenberg war?»
das kind schüttelt den kopf.
«weißt du, wer hitler war?»
das kind weiß, daß hitler deutscher war, einen krieg begonnen hat und
   die welt erobern wollte.
«zum glück ist ihm das nicht gelungen. sonst hätte er auch uns ermordet,
   wie er millionen juden getötet hat», vater bleibt stehen, beugt sich
   herab und schaut seinem sohn in die augen.
«general von stauffenberg hat ein attentat auf hitler verübt; er wollte
   deutschland retten.»
das kind versteht nicht ganz und unterdrückt die nächste frage.
«aus verehrung für den general hat sich mein freund von stauffenberg
   genannt.»
«darf er das in der armee?»
«ihm wurde mitgeteilt, daß er mit dem namen nie general werden wird.»
das kind unterdrückt auch diesmal seine frage.
«aber weißt du, mein freund ist ein sufi; so etwas bekümmert ihn nicht.»

ein dorf I

vater hält siesta, das kind sucht.

es findet eine truhe voller bücher und wählt eins aus.

ilachtschi.

ein dorf in aserbaijan, die bewohner sind sufis.

bald verliert sich das kind in diesem dorf.

ein foto zeigt einen alten mann mit einer schiebermütze und einem
    riesigen schnurrbart. er sitzt vor dem teehaus und blinzelt in die sonne.
    die hände auf den knien.

dem autor wird erzählt, daß der alte schon jetzt, um elf uhr vormittags,
    betrunken ist, daß er 101 jahre alt ist.

«vater, warum trinkst du?»

«mein sohn, damit mir schwindlig wird.»

der autor fragt seinen begleiter, wer denn hier wodka verkaufe.

«es leben armenische familien im dorf.»

dann erzählt der begleiter:

»jeder von uns hat auf dem feld seinen stein. wenn er melancholisch ist,
    kauft er sich eine flasche wodka und geht dorthin. er trinkt und erzählt
    dem stein seinen kummer.»

ein dorf II

«wo liegt euer heiliger?»
«herr, er liegt draußen auf dem feld, eine halbe stunde zu fuß»,
    antwortet der begleiter.
«warum habt ihr ihn nicht im dorf begraben?»
«der heilige muß draußen bleiben, herr.»
«warum?» fragt der autor nach.
«damit wir zu ihm pilgern.»
der autor bittet, ihn dorthin zu führen.
kurz vor dem heiligen schrein bleibt der begleiter stehen und stampft
    mit den füßen.
auf die fragenden blicke des autors sagt der mann:
«damit die mäuse uns bemerken und flüchten können.»
im hause des kindes jagt großmutter die mäuse –
mit allen mitteln.

eine mauser

vater ist in seiner siesta versunken, das kind lungert im haus herum,
   als es läutet.
ein mann in uniform verlangt nach vater, salutiert und übergibt ihm ein
   einschreiben.
vater schlürft seinen tee und liest:
«herr oberst hat 1946 im kurdischen gebiet», er unterbricht sich, wendet
   sich an seinen sohn und sagt: «da warst du noch nicht auf der welt»,
   dann liest er weiter:
«eine mauser an sich genommen, herr oberst möge erklären, wo die waffe
   geblieben ist.»
er fügt hinzu: «wahrscheinlich komme ich mit einer geldstrafe davon.»
wochen später gesteht er, der geheimdienst habe ihn bestellt.
«sie wollten mich in den übersetzerdienst aufnehmen, weil ich
   französisch kann. ich sollte dann artikel und briefe übersetzen,
   die abgefangen worden sind.»
«und du hast abgelehnt?» fragt halbmutter.
«es fängt immer so harmlos an, später haben sie ganz andere
   forderungen.»
«hat das folgen für dich?»
«ich werde wohl nie mehr befördert; hast du einen tee für mich?»

vater erzählt

in diesem entlegenen ort war die kaserne das zentrum des geschehens.
    außerdem gab es ein teehaus, hier aßen die offiziere gern.
dann bekam ich urlaub und erzählte beim mittagessen, daß ich in die
    hauptstadt fahre.
der wirt bat mich, seinen bruder zu grüßen, der in teheran ein teehaus
    hat.
als ich zurückkam, ging ich wieder dorthin.
der wirt war beim essen – aus respekt vor dem brot stand er nicht einmal
    auf.
«herr leutnant, haben sie meine grüße ausgerichtet?»
ich sagte, daß sein bruder ihn auch grüße.
er stand auf und verneigte sich in richtung teheran:
«ich grüße dich zurück, mein bruder!»

also erzählt scheherezade

unter diesem titel sendet radio teheran jede nacht um 22 uhr ein märchen
  aus tausendundeiner nacht.

die erkennungsmelodie ist der erste takt aus der suite von rimski-korsakow.

wenn großmutter wieder lästig ist, legt das kind die schallplatte auf:

«großmutter, es ist 22 uhr.»

sie murmelt etwas und geht ins bett.

das kind genießt ihre ohnmacht.

sie hat noch mehr probleme mit der modernen technik.

wenn das telephon klingelt, geht sie hin und ruft:

«ist gut. du siehst ja, daß ich komme.»

levkoje

zu den zeremonien des neujahrs gehört ein goldfisch. die legende
behauptet, er drehe sich einmal im wasser um, wenn am 21. märz der
frühling beginnt, auf die sekunde genau.
dieses jahr will der fisch bleiben.
«meinetwegen», sagt der vater.
das durchsichtige glas samt dem goldfisch wandert auf den fenstersims
im zimmer des kindes.
es nennt ihn levkoje, füttert ihn und spricht viel mit ihm.
ob das kind auf dem rücken seines freundes fortfahren kann?
levkoje antwortet nicht, doch er bewegt sich nach den worten des kindes.
da überlegt das kind, ob er ihn an der leine mit in die schule nimmt, um
ihn den freunden zu zeigen – auch darauf antwortet levkoje nicht.
das kind gibt seinem freund immer mehr zu fressen und hofft, daß er
dann spricht.
an einem morgen liegt levkoje auf der wasseroberfläche und rührt sich
nicht. er kann das kind nicht mehr fortfahren.
halbmutter übernimmt die entsorgung, das kind rennt aus dem haus.

«das schweigen des meeres»

der sommer ist lang, vaters siesta tief und seine truhe unergründlich.

das buch ist älter als das kind.

im besetzten frankreich quartiert sich ein deutscher offizier in ein haus
    ein; hier lebt der onkel mit seiner nichte. stumm vereinbaren sie, mit
    dem feind nicht zu sprechen. einen winter lang.

jeden abend kommt der offizier herunter und spricht mit seinen gast-
    gebern. ohne je eine antwort zu erhalten oder zu erwarten.

das kind liest das nachwort.

der autor heißt vercors. der übersetzer betont, es handle sich um ein
    pseudonym.

vercors, ein aktives mitglied der résistance, gründet heimlich einen
    verlag, um diese novelle zu veröffentlichen. der verlag heißt: editions
    de minuit.

1942 erscheint das buch illegal in paris, 1944 legal in teheran.

das kind liest das buch noch einmal und beschließt, das buch mitzuneh-
    men, wann immer es dieses land verläßt.

huren 0

zum neujahr bekommt das kind sein geschenk von halbmutter:
einen elektrischen rasierapparat.
«ich habe gedacht, du gehst mal mit deinem vater in den puff.»
es schüttelt den kopf.
«etwas besseres kann dir gar nicht passieren; dein vater führt dich ein.»
vater schweigt, das kind auch.
dann, in seinem zimmer denkt es nach.
vielleicht hat halbmutter seine blicke auf mädchen eingefangen, doch das
    kind hat angst.
vom hörensagen weiß es viel vom teheraner puff.
«die neustadt», mit hohen mauern vom rest der stadt abgeriegelt, von
    polizisten bewacht.
hier gibt es schulen, eine klinik, theater, kinos und genug geschäfte.
    die huren brauchen «die neustadt» nicht zu verlassen. sie dürfen es
    auch nicht; dafür sorgen die zuhälter.
meist haben sich die frauen europäische namen zugelegt.
    der rest hört auf spitznamen:
die lange pari, stiefel-schahin …
das kind giert nach huren und hat angst.

huren I

das kind ist 16 und torwart in der fußballmannschaft des viertels.

da beschließt eines tages der kapitän, mit der mannschaft in den puff zu
gehen.

das kind genießt die auszeichnung; jetzt gehört es zu den männern.

walid geht einen schritt voraus. der rest steckt die hände in die
hosentaschen, um einen gelassenen eindruck zu machen.

die tür ist offen, im patio stehen entlang der mauer bänke für wartende.

auf der terrasse sitzt die puffmutter vor der kasse und verhandelt mit
walid.

als er zurückkommt, ist er in begleitung: schwarzes haar, große brüste,
dicke beine.

er flüstert mit ihr. sie lacht und wackelt mit dem arsch.

walid winkt, das kind steigt die treppe hinauf.

«komm, kleiner! tamara macht alles für dich.»

sie nimmt seine hand und legt sie auf ihren arsch.

«festhalten! bevor ihn dir jemand wegschnappt.»

mit hängenden brüsten steht tamara da.

sie öffnet die beine, ein tier bläfft das kind an –

es rennt hinaus.

draußen empfängt es walid mit einem strengen blick.

huren II

ein woche darauf erscheint walid mit einem vw-käfer.

dort in den hügeln, im norden teherans, hat das kind manchmal die
   huren gesehen, die auf kundschaft warten.

walid verhandelt mit einer.

«du bist der erste.»

kurzes haar, schwarz wie ihre augen. ein großer mund voller kaugummi,
   kräftige schenkel.

erst wirft sie die handtasche auf den vordersitz, dann den rock. sie wühlt
   in der tasche. als sie sich umdreht, hat sie eine packung pariser
   zwischen den zähnen. nach einem langen blick zieht sie auch die bluse
   aus.

«rita schenkt dir auch die melonen.»

sie kriecht zum hintersitz, legt sich auf den rücken, öffnet die beine und
   winkt. mit der rechten hand hält sie das eine bein hoch, das andere
   liegt über der sitzlehne.

rita spuckt in die hand.

das kind hält sich an den brüsten fest, es tobt um sein leben.

hernach streift sie den pariser ab.

«los! die anderen wollen auch was.»

das kind geht zurück, jeder schlägt ihm auf die schulter.

zu hause wäscht es seinen schwanz und geht ins bett.

in der dunkelheit weint das kind.

eine berührung II

ihre mutter besucht öfters die großmutter.

die kinder sollen die erwachsenen in ruhe lassen und werden ins
gästezimmer verbannt.

die lippen aufgeworfen, der rock entblößt die schenkel.

mehri seufzt, nimmt seine hand, schließt die augen und bietet ihm den
mund an.

das kind streichelt ihre beine. sie öffnet sie und flüstert von einem nein.

sie küssen sich und vereinbaren ein rendezvous.

in der dämmerung, in ihrem viertel, in einer ruine, an eine mauer
gelehnt, wird sie geküßt.

mehri nimmt seine hand und schiebt sie in ihr kleid – die brüste brennen.

nach einer ewigkeit dreht sie sich um und hebt den rock.

«jetzt», sagt sie, drückt die hände gegen die mauer und den weißen
hintern gegen das kind.

sie nennt seinen namen, wiederholt, hastig.

später will sie sein taschentuch, säubert sich und schaut ihm in die
augen.

«das taschentuch ist ein andenken für mich. ja?»

das kind nickt.

«übermorgen bei der dämmerung.»

die kinder gehen fort, jedes auf einer anderen straßenseite.

zur verabredung kommt sie nicht. das kind entdeckt auf der mauer ihre
handschrift. mit kohle geschrieben: «du mußt auf deine freundin
warten.»

in einer sommernacht

spät kommt vater mit dem sohn nach hause.
das straßenlicht ist schwach und verletzt die nacht nicht.
der obsthändler liegt vor seinem geschäft auf dem trottoir und schläft –
   auf seinem gesicht ein taschentuch gegen die fliegen.
vater nimmt das taschentuch ab, der mann richtet sich auf.
«sie wünschen, herr oberst?»
«wir wollen eine wassermelone.»
«ach, herr oberst, gehen sie in den laden und nehmen sie eine», er legt
   sich wieder hin.
«wir wollen aber eine gute melone.»
ohne aufzustehen, antwortet der mann:
«herr oberst, sie sind doch ein kenner. nehmen sie die melone in die
   hand, führen sie sie ans ohr und klopfen sie daran – das geräusch
   verrät ihnen alles.»
vater kennt sich nicht aus und nimmt irgendeine.
der mann gibt das restgeld mit seinem singsang zurück:
«eine rose ist meine melone,
innen rot und voller duft,
kaufe sie und nimm sie fort.»
jetzt wendet er sich an das kind:
«das fleisch für dich,
die kerne für hühner im patio,
die schale für den esel, der vorbeikommt.»

ein neuer nachbar

er ist oberst der luftwaffe, läutet und grüßt den vater.

die männer salutieren und beschnuppern sich.

«wie viele flugstunden haben sie, herr oberst?»

«keine einzige.»

er habe an der universität von teheran literatur studiert und habilitiert,
     er unterrichte an der militärakademie.

jetzt schmunzelt er:

«zur zeit diene ich aber bei der gendarmerie.»

vater sagt später zu seinem sohn:

«wir gewöhnen uns daran, so wenig zu fragen.»

zwei tage später steht das kind neben dem vater vor der tür; sie betrach-
     ten die welt.

herr oberst kommt nach hause mit zwei fladenbroten unter dem arm.

«aber, herr oberst, warum kaufen sie selbst ein; sie haben doch auch eine
     ordonanz.»

er bietet vater und dem kind brot an und sagt:

«ich übe, herr oberst. ich übe für die zeit der rente. dann habe ich keine
     ordonanz.»

der erste wodka

seinen namen verdankt er dem film «west side story» und die ähnlichkeit
    mit dem schauspieler. entsprechend zieht er sich an und bewegt sich.
eines tages taucht er auf und sagt: «jungs, ich spendiere einen wodka!»
bevor die frage aufkommt, sagt er, die sache mit dem alter regle er schon.
    george chakiris geht voraus, mit seinem wiegenden schritt – der rest
    folgt.
vahak, der armenier, steht in der tür seiner kneipe und meidet die
    mittagssonne. kaum sieht er die kinder, wirft er seine zigarette weg:
    «ich sehe da ein problem.»
das alphatier geht zwei schritte heran und flüstert, bis vahak nachgibt:
«ein wodka gegen vorauszahlung und dann raus.»
als erster betritt george chakiris das lokal. ihm folgen die kinder und
    nehmen an der theke platz. er streut pfeffer in seinen wodka und rührt
    ihn mit einem zahnstocher um.
«der pfeffer verstärkt die wirkung.»
die kinder machen es ihm nach und leeren das glas in einem zug.
vahak öffnet die tür.
die sonne teherans, der wodka und der pfeffer kennen keine gnade, sie
    machen aus den kindern männer – mit einem anderen gang.

der gefangene

vater meint, der bus am nachmittag sei besser, da die ausflügler erst
gegen abend nach teheran zurückfahren. tatsächlich sind nur wenig
   passagiere dabei.

auf der halben strecke halten zwei gendarmen den bus an. sie tragen
   gewehre und führen einen gefangenen mit sich, in handschellen. der
   fahrer schaut weg und fragt nicht nach einer fahrkarte.

im gang bleiben die gendarmen stehen und salutieren; sitzend antwortet
   der vater.

sie setzen sich in die letzte reihe und nehmen den gefangenen in die
   mitte.

kaum ist der bus angefahren, stecken sich die beiden zigaretten an. dann
   kommt einer vor und salutiert: «herr oberst, der gefangene fragt, ob er
   singen darf?»

«meinetwegen», sagt der vater und dann leiser: «was hat er getan?»

«mord», sagt der gendarm und kehrt zu seinem platz zurück.

nach einer weile dreht sich der vater um.

«herr oberst, haben sie eine zigarette für mich?», fragt der gefangene.

vater steht auf, geht hin und spricht mit den gendarmen. einer gibt dem
   gefangenen eine zigarette und entzündet sie.

«salam, wo kommst du her?», fragt der vater.

«salam an sie. aus daschtesan, südlich von schiraz. kennen sie die
   gegend, herr oberst?»

«auch dort habe ich gedient», sagt der vater, als wollte er das schweigen
   kosten. dann sagt er:

«nun singe mal, wir warten.»

der durstende

vor der tür steht ein alter mann, abgerissene kleider, dreitagebart, ein auf-
 fällig großer hut, in der hand seinen tar.
«junge, frag mal deine mutter, ob ich einen schluck wasser bekommen
 kann?»
mama charmante erscheint hinter dem kind und fragt, was der mann
 wünscht.
«ich habe durst.»
«aber dann müssen sie einen tee trinken, kommen sie schon rein.»
der musiker zögert, dann aber tritt er ein, nimmt im gang platz und stellt
 seinen tar behutsam auf den boden.
das kind geht in die küche, um den tee zu bringen.
mit dem zahnlosen mund erzählt er seine lebensgeschichte, schlürft
 seinen tee und nimmt viel würfelzucker dazu.
großmutter kommt vom patio her und fragt, was hier los sei.
«der herr ist so freundlich und erzählt uns etwas. vielleicht spielt er auch
 für uns», dann wendet sich mama charmante an das kind:
«du hast doch auch lust auf schöne musik. oder?»
der musiker lacht über das ganze gesicht, schiebt seinen hut nach hinten,
 schlägt die beine übereinander und nimmt seinen tar in die hand.

ein dienstmädchen

der fremde gibt den brief ab und verschwindet – dem kind fällt sein
   breiter schnurrbart auf.
mama charmante nimmt den umschlag, findet keinen absender und
   öffnet ihn.
lautlos weint sie, wischt die tränen ab und bittet das kind um einen tee.
«weißt du, wer den brief geschickt hat?»
das kind schüttelt den kopf.
«wir lernten gemeinsam im lehrerseminar, sie war meine beste freundin.
   später hat sie einen offizier geheiratet und ist nach tabris gezogen.»
mama charmante zündet sich eine zigarette an.
«dann ist die republik aserbaijan gefallen – das war noch vor deiner
   geburt – und sie flüchtete mit ihrem mann nach baku in die sowjetunion. seither habe ich sie nicht gesehen.»
jetzt lacht mama charmante und streichelt die hand des kindes.
«und weißt du was? sie hat ihr schwarzes dienstmädchen mitgenommen.
   perle, so hieß das mädchen, war von kindesbeinen bei der familie.
   es hatte niemanden außer meiner freundin.
aber es ist bald darauf in baku gestorben – an schwarzbrot und kälte.»
mama charmante nimmt den brief wieder in die hand.
«nun liegt unsere perle in der erde von baku – weit weg von uns.»

schritte

in seiner erinnerung spürt das kind, wie seine füße aus dem haus
   davonschleichen. sie führen in eine welt, zu der niemand sonst einen
   zugang findet.
unter der sonne flaniert das kind umher, biegt in eine seitengasse, klopft
   an eine haustür;
irgend jemand läßt es eintreten.
es eilt eine treppe hinunter zu einem keller voll dunkelheit und stille.
in diesem raum seien spiegel verboten, sagt eine stimme.
aber das kind braucht jetzt keinen.
es fügt seine gesten zu dem nichtgesprochenen wort –
bis zum einklang.
«ich bin der erzähler, der fällt», gesteht sich das kind.
denn es weiß, daß es bald die kellerräume verläßt. der traum begleitet
   das kind und seine schritte – und wird dann unwirksam.
was bleibt, sind bilder – sie füllen seinen kopf mit fieberphantomen.

das attentat

«seine majestät hat sich zu boden geworfen und sich weggerollt. wieder
einmal stand der gott auf der seite unseres königs.»
die zeitungen sind voll solcher berichte.
ein soldat der palastwache hat mit seinem maschinengewehr auf den
schah geschossen, als er gerade in den wagen steigen wollte. seine
leibgarde hat den attentäter getötet.
«hoffentlich zieht er jetzt die richtigen konsequenzen», stöhnt der vater.
«aber vielleicht ist ihm nicht einmal bewußt, daß das brot teurer
geworden ist», und er wendet sich an seinen sohn: «unser brot hatte
seit jahren einen festen preis.»
tage später wird berichtet, eine gruppe akademiker ist verhaftet worden.
sie haben, heißt es, in england studiert und sind dort vom marxismus
infiziert worden. der soldat wurde von ihnen zur tat angestachelt.
vater legt die zeitung zur seite:
«jetzt fallen wieder todesurteile.»

oh, stalin!

an diesem freitag geht vater in die nächste kaserne. er hat schmerzen und
will sich von einem militärarzt untersuchen lassen.
eine stunde später kommt ein jeep, der unteroffizier salutiert:
«herr oberst wird noch heute im militärkrankenhaus nummer I am
blinddarm operiert.»
am sonntag besucht das kind den vater. er liegt in einem saal mit mehr als
20 offizieren. meist kennen sie sich, und so ist auch die atmosphäre.
vater beklagt sich über das schlechte essen.
ein junger leutnant hingegen bekommt jeden tag huhn mit reis.
vater zieht ihn auf und droht mit furchtbaren disziplinarmaßnahmen.
der leutnant lacht auf: «herr oberst, man muß im leben kontakte haben.»
hier liegt auch ein oberst, alt und halbblind, von der krankheit
gezeichnet.
laut fragt vater:
«herr oberst, mein sohn ist da. wollen sie ihm nicht den schlachtruf der
aserbaijanischen republik vorführen?»
der mann richtet sich auf und ruft:
«oh, stalin, du bist unser vater,
du bist unsere mutter ...»
die offiziere johlen und skandieren:
«du bist unsere braut.»

auf den genossen chosro

ahmad ist in teheran und zu besuch – das kind blüht auf.

er unterhält sich mit ihm und überläßt die dummen fragen den erwachsenen.

trotz des besuchs ist vater unruhig, wiederholt geht er auf den balkon und
späht nach dem zeitungsmann.

als das kind die zeitung bringt, streckt ahmad die hand aus.

«gestern früh wurde der ex-leutnant chosro ruzbe hingerichtet. der
kommunist agierte seit jahren im untergrund und kämpfte bewaffnet
gegen die interessen unserer nation.»

«hurensöhne», schnaubt ahmad, «13 jahre lang fahndeten sie nach ihm
und jetzt spielen sie den sieger», er liest weiter:

«chosro ruzbe hat seine majestät um gnade gebeten, sein gesuch wurde
abgelehnt» , ahmad schleudert die zeitung gegen die wand.

«chosro würde niemals jemanden um gnade bitten, schon gar nicht
diesen kerl», er zündet sich eine zigarette an und schaut den vater an.

«ich brauche einen wodka.»

vater bringt zwei gläser, ahmad schaut für eine lange zeit in sein glas
hinein.

dann blickt er zum vater auf: «du kanntest ihn persönlich.»

«ja, ich kannte leutnant ruzbe persönlich. er war mein lehrer an der
militärakademie.»

ahmad greift zu seinem glas: «auf den genossen chosro!»

vater stößt mit seinem freund an und trinkt aus, ohne ein einziges wort
zu verlieren.

der geschichtslehrer

er ist der jüngste unter den lehrern und saß nie im gefängnis –
dementsprechend tritt er auf.
vor den neujahrsfeiertagen wünscht er den kindern eine schöne zeit.
ein kind fragt, was er denn mache?
«ich fliege nach israel», er hebt beide hände hoch, «natürlich mit der
    offiziellen genehmigung der einschlägigen behörde», und zwinkert mit
    einem auge.
«warum?» fragt ein anderes kind.
«ich will wissen, was dieses land anbietet», sagt er, «vielleicht ist israel ein
    neues modell.»
seine methode zu unterrichten ist neu. er zwingt die schüler nicht, daten
    und fakten zu lernen
– sie sollen referate halten.
eines tages ruft er das kind auf und fragt es nach einem alten könig und
    seiner zeit.
danach sagt er:
«bei allen anderen blicke ich durch. aber bei ihnen, mein herr, weiß ich
    nicht, was in ihrem inneren vor sich geht.»
das kind wird rot, sein lehrer sagt:
«ich schätze junge männer, die ein geheimnis haben.»

den erwachsenen nah

eine straßenecke um das gymnasium ist ein schuhputzergeschäft.

das kind traut sich nicht, alleine einzutreten.

eines tages begleitet es ein schulkamerad.

die kinder thronen in den stühlen, eingeschüchtert wechseln sie kein
wort miteinander.

zu ihren füßen die schuhputzer, die sich laut unterhalten.

die schnürsenkel werden weggesteckt, die socken durch pappmanschet-
ten geschützt. mit bürsten verschiedener härte werden schmutz und
staub entfernt, flüssige schuhcreme wird aufgetragen, kurze politur
mit einem lappen. feste schuhcreme aus einer dose, blankwichsen mit
einer weichen bürste.

die schuhputzer sind renitent, um das trinkgeld wollen sie gebeten
werden.

die kinder betreten die straße, gehen langsam, da alle mädchen auf diese
schuhe starren.

sie sind den erwachsenen einen schritt nähergerückt.

ein neuer untermieter

dem leutnant der armee folgt ein zivilist. seine blondierte frau ist mollig
und bringt leben ins haus.

beim mittagessen fragt halbmutter, was herr gaffari von beruf ist.

«er ist beamter.»

«bei welcher behörde?»

«im büro des premierministers», vater hebt den kopf und zwinkert,
«klartext: er arbeitet beim savak, denn der geheimdienst hat offiziell
keine adresse.»

«und was bedeutet das für uns?» fragt halbmutter.

«auf das wort achten, das unserem mund entschlüpft.»

herr gaffari freundet sich mit dem kind an. er nimmt es mit ins stadion,
um ein fußballspiel anzuschauen. dort zündet er sich eine zigarette an
und bietet ihm auch eine an.

«ich weiß doch, daß du rauchst.»

das kind dankt und lehnt ab.

nach dem spiel lädt der beamte im büro des premierministers das kind zu
einem drink ein.

er bestellt zwei biere, das kind will nur eine pepsi-cola.

«in deinem alter trinkt man ja schon. vor mir brauchst du dich nicht zu
genieren.»

das kind bleibt standhaft.

ein onkel

das kind weiß nicht, wessen onkel der mann ist, aber alle nennen ihn so.

braucht ihn mama charmante, kommt er – immer zur stunde des
mittagessens.

er hat keine zähne mehr, ißt aber mit appetit, nachdem er die hände
gewaschen hat.

«im namen gottes», er greift in den reis, formt kleine kugeln, die er in
seiner handfläche verarbeitet, bis sie weich sind. dann dann steckt er
sie in den mund und kaut mit den kiefern.

sein bart gerät ins fließen und droht die adlernase zu erobern.

nach dem essen nimmt mama charmante ihre pillen.

«geben sie mir auch eine; schaden kann sie nicht», er streckt die hand
aus.

«natürlich sind sie mit dem taxi gekommen, onkel», sagt mama charmante.

«ich bin zu fuß gekommen, aber danke für das geld», er steckt es ein.

«aber onkel, das ist ein langer weg», wirft das kind ein.

«ja, ja, zwei stunden. das ist gut für den appetit und für die verdauung.»

der onkel lacht:

«mein junge, ich war immer ein fußgänger. als die russen im zweiten
weltkrieg den norden besetzten, bin ich von rascht nach teheran zu fuß
geflüchtet.»

das kind blinzelt.

«heute fährt man sechs stunden mit dem auto. ich habe es in einigen
wochen geschafft.»

der zahnlose mund triumphiert: «rechts und links schlugen bomben ein.
aber weißt du, mein junge, der onkel ist gegen russen gefeit.»

mussa cohen

«mussa», ruft vater; der mann bleibt stehen.

groß, schlank, ein weiches gesicht und glatze; die ähnlichkeit mit dem
vater erstaunt das kind.

er hat einen eisblock gekauft, gewickelt in sein taschentuch, viermal
gefaltet mit einem knoten. nun legt er den eisblock ab und umarmt den
vater.

dann dreht er sich zum kind und küßt es auf die wangen.

«kennst du mich nicht mehr?»

das kind schüttelt den kopf.

«ja, es ist so lange her», sagt mussa cohen und streichelt ihm über den
kopf.

«aber du kennst doch das foto auf dem sims. ich und mussa?», fragt vater.

das kind erinnert sich. zwei junge männer neigen die köpfe zueinander
und lächeln.

die männer bleiben stehen und sprechen, das kind betrachtet den
eisblock – der langsam kleiner wird.

am anderen tag erzählt das kind von mussa cohen und dem eisblock.

halbmutter weiß mehr:

«mussa hat dem vater deine mutter vorgestellt. er kommt aus demselben
dorf im norden wie sie. cohen und dein vater haben vor vielen jahren
gemeinsam landwirtschaft studiert.»

etwas von der welt

heute fährt das kind mit dem bus nach hause; es steigt an der endstation
   ein.
hinter dem fahrer sitzt seine frau in einem schwarzen schleier,
   den sie locker trägt.
auf ihrem schoß sitzt die tochter und spielt mit einer handgenähten
   puppe. sie ist vielleicht drei jahre alt, das gesicht angeschwollen.
plötzlich beginnt sie zu schluchzen, sie schreit auf und hält sich am
   mutterhaar fest.
von seinem fahrersitz schaut der vater herüber, schnippt mit den fingern
   und lockt die tochter mit leisen rufen.
jetzt erheischt er den blick des kindes und erwidert:
«tochter hat halsschmerzen», mit den augen kehrt er zurück zu seiner
   familie.
die mutter fährt mit der hand über das gesicht der tochter, die nun leise
   wimmert.
der busfahrer dreht sich zu dem kind um:
«wissen sie, heute habe ich beide mitgenommen, damit sie etwas von der
   welt sehen.»

herr karimi I

meine frau stand am fenster wache.
durch die jahrelange ehe mit mir hatte sie einen blick entwickelt –
für spitzel und sonstiges ungeziefer.
und ich hörte stalin.
jede woche sprach er zu uns.
ob ich russisch kann?
ach was, kein wort, junger freund. aber ich wußte immer, was genosse
    stalin meinte.
ich sah ihn förmlich vor meinen augen:
er saß auf einem schimmel, mit dem säbel in der hand führte er den
    angriff.
ich lauschte dem im flüsterton eingestellten radio, tauschte blicke mit
    meiner frau, die keinen mucks machte.
hernach kommentierte ich die nachrichten, führte sie auf den wahren
    kern zurück –
für meine frau.
möge sie mir meine sünden vergeben.
warum ich sie um vergebung bitte?
weil sie mich so viele jahre ertragen hat.

herr karimi II

ich war kommunist.

das ist nun jahre her. zuvor habe ich biologie studiert – ich verstehe also
etwas von viren.

ja, mein sohn, du kannst ruhig darüber lachen.

als ich verhaftet wurde, fragte man mich nach namen. ich kenne nur die
99 namen gottes, war meine antwort. sie ließen mich lange hungern,
bevor sie mir wassermelonen servierten. der esel, der karimi heißt, aß
viel davon. anschließend haben die herren meine eichel mit einem
bindfaden zugeschnürrt – ich konnte nicht pissen. ich zappelte und
schrie, während sie in die hände schlugen und lachten.

warum ich verhaftet worden bin, fragst du?

in der schule habe ich eine tür zugeschlagen, das glas brach. ich nahm
einen geldschein aus der tasche, spuckte auf das foto seiner majestät
und klebte den schein auf das fenster, damit das glas nicht runterfällt.
ein schüler hat mich denunziert.

aber ja, mein freund, ich bin immer noch lehrer. und ich warte immer
noch auf den messias, auf die revolution oder meinetwegen eine
evolution.

obwohl ich weiß, daß ich dann wieder verhaftet werde.

es gibt nämlich hühner, die man sowohl bei einer hochzeit als auch bei
einer trauerfeier schlachtet.

eine europäische hure

das kind weiß sogar, wie sie heißt.

sie wohnt am ende der gasse alleine mit der mutter.

zierlich, mit kurzem haar, geht sie mit ihrem entschlossenen schritt zur
    universität.

dort hat sie das kind einmal gesehen:

in der ersten reihe der demonstration stand sie und hielt das foto von
    ahmed ben bella hoch.

die nachricht, daß sie verhaftet ist, erfüllt die gasse mit stolz.

mit erhobenem haupt geht die alte mutter am nächsten tag einkaufen.

zwei tage später geht sie wieder zur universität, das kind grüßt sie zum
    ersten mal.

irgendwann freundet sie sich mit halbmutter an, obwohl diese die frau
    eines offiziers ist.

«ich war gast bei diesen herren. in meinem beisein nannten sie sich herr
    doktor und herr ingenieur. sie schwärmten von modernen handschel-
    len aus schweden, elektroschockgeräten aus deutschland. sie ließen
    mich die geräte anschauen und befahlen mir, diese zu berühren.

dann nannten sie mich eine dreckige europäische hure.»

karaj I

ausflug ins grüne.

vater findet eine passende stelle.

holzbetten, mit teppichen belegt, stehen über dem wasserlauf, der sich
    von dem fluß trennt.

ein mann bringt tee für acht personen. in einer hand trägt er acht ovale
    tabletts, acht gläser tee, acht schalen für den würfelzucker.

mitten im sommer hat er zwei westen an, übereinander, und trägt eine
    wollmütze.

vater fängt den blick ein und meint, das kind könne ruhig die frage
    stellen.

der mann antwortet:

«die andere hand muß frei bleiben zum balancieren.»

er setzt sich auf die bettkante:

«mein sohn, als ich jung war, wurde ich in einem wettbewerb zweiter.
    18 tabletts mit teegläsern habe ich getragen – in einer hand.»

er beginnt zu schluchzen:

«entschuldigen sie, herr oberst», er steht auf und geht.

«baba, warum hat er geweint?»

«er ist ein alter mann, er darf weinen.»

karaj II

auf dem rückweg gibt es an der bushaltestelle eine warteschlange.
als der bus endlich kommt, mogelt sich eine verschleierte frau an einer
    gruppe studenten vorbei und ergattert einen platz.
die jungen männer protestieren, ohne die frau anzufassen.
der busfahrer ist verlegen und weiß nicht weiter.
einer der studenten fordert ihn auf, herrn oberst nach der wahrheit
    zu fragen.
«die herren studenten standen in der schlange vor der dame»,
    ruft der vater.
applaus.
«ein hurra auf herrn oberst!»
nach den rufen steht der vater auf und salutiert.
als er sich wieder hinsetzt, nimmt er die hand seines sohnes:
«ob das gut geht?»
das kind versteht nicht.
eine woche später wird der vater einbestellt.
der geheimdienst interessiert sich für den grund der fraternisierung
    mit den studenten.

der kaukasier

das kind ist mit zwei schulkameraden unterwegs; sie rauchen.

ein mann geht vor ihnen, er geht langsam, er trägt auf der schulter einige hosen und eine jacke, er bleibt stehen, er dreht sich um: «jungs, habt ihr streichhölzer?»

die kinder lachen laut über seinen starken akzent.

«was lachst du, du hundesohn. in baku habe ich sogar abitur gemacht», seine stimme bricht,

«aber hier bin ich nur ein streunender hund und verkaufe gebrauchte kleider.»

er packt das kind am kragen, schüttelt es und beginnt zu schluchzen.

die kinder sind erstarrt, sie laufen nicht einmal weg.

er läßt vom kind ab, setzt sich an die mauer, nimmt das gesicht in die hand und flucht:

«amán, die schlechten freunde.»

langsam hebt er den kopf: «ich spucke auf dieses leben.»

das kind zündet eine zigarette an, geht zögernd vor und bietet sie ihm an.

wortlos nimmt er sie, er blickt über das kind hinweg, als wollte er direkt nach baku schauen, und zieht kräftig an der zigarette.

dann steht er auf und klopft sich seine kleider ab:

«jungs, entschuldigt mich, an manchen tagen übermannt mich die melancholie», und er streckt die hand aus.

seine nachmittage

das kind geht an der mauer entlang – es will die stille nicht verletzen.
im gegenzug verspricht die gasse, seine schritte nicht gleich zu
  verschlucken.
noch riecht es hier nach mittagbrot; die gekalkten mauern geben den
  geruch nicht her.
die stadt lungert umher und lauscht; sie hat keine eigenen träume.
  trifft sie auf das suchende kind, dann breitet sie ihr lächeln aus. in
  diesen stunden ist die stadt nicht laut und wächst nicht.
«dieser stadt muß man gewachsen sein», denkt das kind und will sich
  ihrer würdig erweisen –
es erläuft sie.
die platanen sind groß und das kind klein. die sonne brennt, ohne
  belehrung. das gebell der hunde und das schreien der esel bilden eine
  sprache. das kind betrachtet sie als schlüssel für diese stadt, ohne
  hingabe, ohne trost; aber voller wärme. und sie trägt ihre wärme auf
  die straße. das kind genießt sie und vergißt die zwei säulen seiner
  kinderzeit:
angst und worte.
es bleibt bei seinen nachmittagen, bis der abend langsam seinen geruch
  ausbreitet.

ein brief

mama charmante erinnert ihre dienerin, daß sie wieder einen brief an
ihre mutter schicken soll. bemani nimmt das kind mit. sie schlendern
durch die altstadt bis zum kanonenplatz –
dem herzen teherans. gegenüber dem bürgermeisteramt ist die haupt-
post.
hier wartet ein bataillon von briefeschreibern.
bei der auswahl ist das dienstmädchen überfordert. schließlich gewinnt
einer die keilerei. er nimmt bemani bei der hand und führt sie zu
seinem platz. sie setzt sich auf die erde, das kind neben sich – und
schon kommt der tee.
der briefschreiber fragt bemani aus.
«aus welcher provinz bist du? an wen ist der brief gerichtet? gibt es eine
schlechte nachricht?
gibt es eine gute nachricht? gibt es in der familie ein mädchen im
heiratsfähigen alter?»
dann legt er in schönschrift los.
«ihre ergebene tochter wünscht der geliebten mutter gesundheit und
gottes segen. sie wünscht, daß die tugendhafte schwester bald heiraten
möge.»
dann berichtet er, daß die briefeschreiberin wohlauf sei, mit der herrschaft sehr zufrieden und immer noch auf den passenden mann warte.
er hebt den kopf.
«soll ich auch von dem kind grüße schreiben?»
bemani schüttelt den kopf, sie hält bereits die münzen in der hand.
«ihre tochter wünscht der verehrten mutter und der ehrbaren familie eine
gute ernte.»
und er endet mit dem satz:
«auch ich, der briefschreiber, grüße sie von herzen.»

hafes hat versprochen

das kind bekommt ein buch: gedichte von tagore.

vater muß dazu etwas sagen:

als tagore wieder einmal aus europa nach seinem kalkutta zurückkehrte,
    landete er mit dem schiff im hafen von buschehr. von hier aus fuhr er
    mit dem auto die 300 kilometer nach schiraz, um zu hafes zu pilgern.

dort bat tagore einen derwisch, für ihn zu orakeln.

hafes antwortete:

der verlorene sohn kommt nach hause, verzage nicht!

da brach tagore in tränen aus:

«es genügt, ich kenne den ghasel. jetzt weiß ich, daß indien bald ein
    freies land sein wird.»

vater schluckt, bevor er weiterspricht.

tagore hat die unabhängigkeit indiens nicht erlebt. doch er ist in der
    gewissheit gestorben, daß sein land frei sein wird – hat ihm hafes doch
    versprochen.

mr. x

er spricht mit niemandem in der gasse. auf den gruß der kinder antwortet
er nicht, bei erwachsenen neigt er leicht den kopf.

kinder nennen ihn mr. x. auch seinem dienstmädchen haben sie einen
namen gegeben: molly.

sie ist rund und lacht ewig.

er trägt zu jeder jahreszeit einen leichten mantel, in den taschen steine,
um streunende hunde abzuwehren.

molly sucht die steine aus, sie müssen in die taschen passen und vorher
gewaschen werden.

sie wäscht auch seine geldscheine, jeden tag, und hängt sie auf die leine.

sie erzählt auch, daß sie ihn waschen muß, und kichert dabei.

mr. x meidet das öffentliche bad, das sei nicht sauber genug. jeden freitag
vertraut er sich ihren händen an. erst schaut er zu, wie molly sich
gründlich sauber macht. dann darf sie den herrn einseifen. er steht
nackt vor ihr und läßt sich schrubben.

ihr herr habe eine mutter und eine unverheiratete schwester in der
provinz. einmal im jahr hole er sie vom bahnhof ab und schicke sie
direkt ins öffentliche bad. erst dann dürfen sie sein haus betreten.

was mr. x. beruflich macht, ist ein geheimnis. selbst molly weiß nur
soviel:

er sei beamter und arbeite in einem büro.

resa der verrückte

am freitag bringt radio teheran eine sendung mit seiner musik,
    sagt der vater.
das kind hört den namen zum ersten mal.
es gibt keine schallplatten von ihm, der legendäre violonist ist schon
    lange verstorben.
vater zeigt ein foto: in anzug, weste und krawatte sitzt der mann im staub
    und spielt.
das kind hört radio und erfährt mehr.
er genoß den ruf, verrückt zu sein. zu seinen eigenheiten gehörte es,
    daß er nie auf bestellung spielte, sondern wann und wo er wollte –
    manchmal um mitternacht auf der straße. aber niemand fragte ihn,
    warum er gerade hier und jetzt spielte. denn er hatte noch nie auf eine
    frage geantwortet.
zuweilen luden ihn freunde ein, ließen heimlich seine geige holen und
    stellten das instrument in eine ecke, sichtbar für den künstler.
resa der verrückte genoß sein opium, seinen wodka.
wenn er dann lust verspürte, ging er zu seiner geige und spielte.
dann erfährt das kind die art seines todes.
in einer kalten nacht kehrt der violonist nach hause zurück und kommt
    mit dem schlüssel nicht zurecht. er klopft, der patio ist lang, niemand
    hört ihn.
er kauert sich vor die eingangstür und schläft ein.

ein nationalheld

wieder einmal ist das kind mit vater im café naderi.

beim hinausgehen fragt der vater: «warst du schon mal in der kirche?»

das kind schüttelt den kopf.

vater und kind überqueren die straße und betreten die kirche der
heiligen maria.

ein kirchendiener beäugt die uniform des vaters und nähert sich.

«wir wollen das grabmal des nationalhelden besichtigen.»

der mann nickt und geht voraus in einen nebenraum.

dort ist der sarkophag, darauf steht auf persisch und armenisch der name.

yaprom-chan sprach bis zum ende seines lebens mangelhaft persisch.
geboren war er in tibilissi, georgien. seine politischen ansichten
paßten dem zaren nicht und seinen häschern.

yaprom-chan flüchtete nach iran. hier brach bald die konstitutionelle
revolution aus. der armenier aus tibilissi schloß sich der bewegung an.
unter seiner führung eroberten die revolutionäre teheran. das erste
parlament in asien wurde einberufen und erklärte yaprom-chan zu
einem der drei nationalhelden.

das alles weiß das kind aus der schule. jetzt steht es vor dem sarkophag
des nationalhelden.

die eingeschlossenen

«wenn ein amerikanischer soldat den schah beleidigt, kommt er frei.
   beleidigt ein iranischer bürger einen amerikanischen unteroffizier,
   wird er verklagt.»
nach dieser rede wird ayatollah chomeini festgenommen und unter
   hausarrest gestellt –
der basar schließt, die stadt ist in aufruhr.
das kind ist mit einem schulkameraden verabredet, sie wollen ins kino
   gehen.
«die eingeschlossenen von altona», nach einem drama von jean-paul
   sartre, mit maximilian schell in der hauptrolle.
halbmutter versperrt ihm den weg.
«weißt du nicht, was in der stadt los ist?»
sie steigen auf das flachdach und beobachten, wie panzer in die stadt
   fahren –
der ausnahmezustand ist ausgerufen.
gegen abend erscheint vater, seinen colt an der seite.
das kind macht das tor auf für den chevrolet.
ein alter mann geht vorbei und zischt:
«oberst, gehe nach hause! heute sind die offiziere daran.»

eine revolution

mit getöse wird die weiße revolution angekündigt.
seine majestät stellt seinem volk ein referendum.
«wer gegen die revolution des schahs und des volkes stimmt,
    ist für die reaktion.»
die studenten der universität teheran finden eine eigene antwort.
«wir stimmen für banu mahwash.»
die bekannteste teheraner hure, dick und vulgär, der traum der gosse.
    auf der bühne lässt sie das becken kreisen, singt und antwortet
    schlagfertig auf die obszönen zwischenrufe der männer.
das kind darf nicht wählen, es ist minderjährig; dafür träumt es heimlich
    von der hure.
das ergebnis des referendums wird veröffentlicht:
99,99 % der stimmen sind für die weiße revolution.
der schah hält eine rede:
«wer gegen unsere revolution gestimmt hat, darf das land verlassen.»
drei tage später veröffentlichen die zeitungen ein foto:
ein diplomingenieur gibt am flughafen ein interview:
«ich bin gegen diese revolution und gehe in die sowjetunion.»

ein attentat

vor dem parlament wird der premierminister erschossen.
der geheimdienst verhaftet einen religiösen extremisten.
vater glaubt zu wissen, welcher gruppe er angehört.
er erinnert sich an den legendären navab safavi – vor zehn jahren
  hingerichtet.
im gefängnis betete er laut. seine stimme bewegte die bewacher.
  soldaten waren gefährdet;
man setzte unteroffiziere ein.
sein auftritt, seine würde und die reden vor dem öffentlichen gericht
  wurden berühmt.
«auch deine tante zinat schluchzte, wenn sie die reden im radio hörte»,
  vater weiß, daß viele frauen in teheran gefühle für den mörder zeigten.
«ein mißratener sohn tut weh. mütter fragten sich, wie er wohl als kind
  gespielt hat, wovor er angst hatte?»
das kind weiß keine antwort auf diese fragen.
vater seufzt:
«seine stimme – sie könnte eines tages eine mehrheit berühren.»

die parasiten

die geschichte kursiert in teheran und erfaßt auch das kind im
    gymnasium:
ein regisseur übersetzt das stück von maxim gorki «die parasiten» und
    will es in seinem theater aufführen.
er reicht das stück beim geheimdienst ein.
auf dem manuskript steht vorschriftsmäßig auch der name des autors.
nach einigen wochen wird der regisseur vorgeladen.
unten auf dem brief steht der handschriftliche vermerk:
«der autor des stücks ist unbedingt mitzubringen.»
das kind amüsiert sich mit seinen schulkameraden.
die kinder kennen maxim gorki.
«die mutter» wanderte wochenlang im gymnasium von hand zu hand –
bis die ganze klasse das buch gelesen hatte.

drei männer am feuer

das kind kommt mit seinem vetter aus dem kino.
im herbstlichen abend stecken die kinder die hände in die taschen –
wie richtige männer – , schlendern nach hause und sprechen über den
    film.
vor dem parlament stehen zwei soldaten mit gewehr und bajonett. über
    dem portal thronen die zwei löwen mit dem schwert in der hand und
    bewachen die verfassung.
die kinder erzählen sich den alten teheraner witz über die frierenden
    löwen.
vor dem tor geht ein korporal auf und ab, er verscheucht sie mit einer
    handbewegung.
ein paar schritte später sehen die kinder eine baustelle.
an der halbverfallenen mauer sitzen drei männer auf der erde.
    vor ihnen steht ein mülleimer, darin flackert das feuer.
sie wärmen sich am feuer und scherzen.
«he jungs, kommt ihr aus dem kino?»
die kinder bleiben stehen und müssen von dem film erzählen.
«habt ihr eine zigarette?»
das kind bietet ihnen welche an.
sie ziehen an den zigaretten und lauschen der geschichte des films.

der fluchtversuch

vater geht für ein jahr nach paris, auf die militärakademie saint-cyr.
er nimmt seine frau mit, läßt den sohn bei mama charmante,
    nahe bei großmutter.
für die prüfung lernt das kind mit seinem schulkameraden.
als er nach hause geht, stellt großmutter das kind:
«er hat dich gefickt, ich weiß es.»
sie wartet die antwort gar nicht ab.
«auf der terrasse habe ich den gebrauchten pariser gefunden.»
nicht einmal mama charmante kann das kind davon erzählen –
dazu ist das wort zu ekelhaft.
es spricht am tag darauf mit dem freund – er blinzelt, ist sprachlos und
    hört sich die bitte an.
die freunde schlendern die kach-avenue hinauf. vor einem gebäude bleibt
    behrus stehen, das eiserne tor ist angelehnt, keine flagge, keine wache.
«warte lieber auf der anderen seite der straße», sagt er und geht in die
    israelische botschaft.
auf dem trottoir gegenüber geht ein kind auf und ab.
«das geht nicht», sagt behrus und fügt hinzu:
«du bist minderjährig und nicht einmal jüdisch.»

rückkehr des vaters

einmal in der woche geht das kind zu vaters haus und holt die post ab.
heute öffnet halbmutter die tür und drückt das kind fest:
«vater ist gerade zu mama charmante gefahren.»
das kind verabschiedet sich, nimmt den bus – das letzte stück rennt es.
vater sitzt auf der terrasse und spricht mit mama charmante.
«baba», schreit das kind und wirft sich dem vater in die arme.
es verletzt sich an seinen epauletten, merkt es nicht, schluchzt und
    wiederholt das wort baba.
vater küßt den sohn auf das gesicht und sagt:
«du blutest an den händen.»
das kind senkt den kopf und heult.
mama charmante nimmt es zum waschbecken, wäscht die wunde,
    tut etwas darauf und sagt:
«ist schon gut, jetzt hast du den vater wieder.»
sie kehren zur terrasse zurück, das kind schweigt und lauscht.

umquartierung

vater kommt mit einem minibus und will den sohn zu sich nehmen.

großmutter besteht auf einem gebet.

das kind muß vor ihr stehen, sie schließt die augen und murmelt.

dann öffnet sie die augen und entblößt den finsteren blick:

«gehe nur!»

mama charmante schweigt, schaut umher und sagt dann:

«aber du verläßt mich doch nicht.»

das kind schüttelt den kopf und versteckt sich in ihren armen.

dort erst kann es schluchzen.

vater entfernt sich ein paar schritte und läßt die liebenden allein.

das kind bebt, mama charmante hält es fest und flüstert:

«du weißt, du kannst immer hierherkommen.»

das kind weiß es und nickt.

die erste nacht im alten zimmer ist unruhig.

das kind will nicht glauben, daß es den klauen der großmutter entronnen
   ist.

in der nacht beschließt es, mit dem vater zu sprechen.

ein geständnis

langsam gewöhnt sich das kind an vaters haus.
der weg zur schule ist nun länger. eine wohltat für das kind –
das gehen beruhigt es.
es weiß, daß es mit dem vater sprechen muß, daß es eine günstige
    gelegenheit abwarten muß.
das kind beschließt, geduldig zu sein.
eines abends ist es mit vater und halbmutter im kino.
auf dem weg nach hause erkennt das kind die gelegenheit.
es sitzt im fond des chevrolets und gesteht die geschichte von der
    großmutter und dem pariser.
vater ist ganz mit dem straßenverkehr beschäftigt und läßt sich zeit.
«vielleicht hast du doch etwas getan, daß großmutter so reagierte.»
halbmutter dreht sich zum kind um.
es kriecht tiefer in den fond des wagens.

ende des gymnasiums

das kind ist im abiturjahr, seine noten sind gut, vater läßt es in ruhe.

das kind liest bücher und lernt wenig für das gymnasium.

tief in seinem herzen weiß es, daß es das abitur schafft.

einmal in der woche muß es sich bei der großmutter zeigen um des
    friedens willen.

mama charmante nimmt es oft mit ins kino oder zum café naderi.

langsam beginnt vater über die zukunft des kindes zu sprechen.

nach seinem wunsch soll der sohn bauingenieur werden; den wunsch
    spricht er oft aus –

besonders wenn besuch da ist.

das kind haßt zahlen, erzählen liegt ihm mehr.

damit aber hält es sich zurück im haus des vaters, um so mehr erzählt es
    in der schule –

von seinen büchern, von seinen träumen.

kurs auf die universität

das kind schafft das abitur spielend.

die besten noten hat es in persisch und englisch.

natürlich soll ein so begabtes kind zur universität.

das kind will literatur studieren oder englisch.

«am ende der literatur steht der hunger», lacht vater und weiß etwas
    besseres:

«die zukunft gehört der technik. du wirst bauingenieur.»

das kind soll sich im sommer ganz auf den numerus clausus
    konzentrieren.

vater findet kurse, die die abiturienten auf die prüfungen vorbereiten.

sie sind teuer, und vater spricht das oft aus.

lustlos geht das kind den ganzen sommer in die kurse.

es kann nicht zeichnen und nicht mit zahlen umgehen.

die lehrer rapportieren dem vater, er mahnt den sohn.

das kind fällt beim numerus clausus durch und ist erleichtert.

der letzte herbst

das kind geht durch melancholische avenuen und läßt sich von krähen bis
zur haustür begleiten. stundenlang fliegen sie von den feldern herauf,
setzen sich auf die platanen in alten teheraner vierteln und erzählen
den bäumen von dem tag, bis diese strahlen.

bei seinen spaziergängen vermeidet es, die fenster anzuschauen, als
könnte sein blick sie aufwecken – dabei verraten seine füße nichts von
dem bevorstehenden abschied.

wenn der abend kommt mit seinen wehklagenden mücken, sitzen auf den
türstufen mütter und dienstmädchen und verraten ihre geheimnisse.

«ach amán ...», rufen sie gegen das schicksal und untreue männer. sie
trommeln sich mit fäusten auf den busen, ihre brüste beben unter den
schlägen und beruhigen sie.

die frauen genießen den abend, die geräusche der stadt und die gewiß-
heit, daß der tag hingeht.

dann schlüpfen sie in die häuser und schließen die türen – meist sind sie
blau gestrichen.

«gegen den bösen blick», erzählt tante zinat.

das kind geht ins bett und liest seine europäer.

der pilot

der besucher fragt:

«wie gut bist du in der schule?»

statt des kindes antwortet vater und lobt sogar den sohn.

«und was willst du einmal werden?», fragt der offizier.

«mein sohn wird bauingenieur», lautet die antwort.

der uniformierte blickt das kind unverwandt an, bis es antwortet:

«pilot.»

er lacht, der vater schreit:

«in der armee? es genügt, daß ich dabei bin.»

die erwachsenen wechseln das thema.

am tag darauf erzählt das kind seinem vetter davon.

«und warum?»

«piloten tragen eine modische sonnenbrille und dann die bomberjacke»,
    das kind fügt hinzu:

«die bekommst du nicht einmal auf dem schwarzmarkt.»

der vetter schweigt, das kind geht einen schritt weiter:

«und sie können jederzeit fortfliegen.»

minas hochzeit

die cousine heiratet.

der bräutigam ist ein verwandter und lebt in der gasse.

mina soll im weißen brautkleid vom hause des bräutigams bis zu ihrem
haus zu fuß gehen.

der vetter und das kind kämpfen um ein privileg.

hinter der braut gehen die zwei kinder, gefolgt vom bräutigam.

dafür geloben die kinder getränke zu servieren.

jemand legt eine platte auf:

«parlez-moi d'amour» mit der stimme von dalida, der glutäugigen
sängerin aus kairo, dem schwarm der teheraner jugend.

«herr oberst, sie erlauben?» fragt eine dame und fordert das kind zum
tango auf.

sie bringt ihm bei, wie es die hand halten soll und ein paar schritte.

dann kriecht sie ihm in die arme.

das kind macht alles mit, hält den blick auf die wand gegenüber und ist
darauf bedacht, die tanzpartnerin so wenig wie möglich zu berühren.

magirus weicht dem doppeldecker

der enge gang des magirus-busses bietet eine möglichkeit. die jungen
    stellen sich dicht hinter eine gymnasiastin und reiben sich an ihr.
der doppeldecker offeriert im ersten stock einen raum zum flirten, der
    schaffner kann nicht alles überschauen – trotz des hohlspiegels im
    treppengang.
das kind liebt die beletage.
hier ist es für sich allein, nimmt den sitz vorne rechts und schaut auf
    diese stadt.
der bus rast, die platanen wehren sich; ihre äste schlagen gegen die
    fensterscheiben, dem gesicht des kindes nah.
die geschichte von dr. scheibani macht die runde.
auf einem balkon hält er eine rede gegen die regierung. als die polizisten
    in die wohnung eindringen, springt er auf das dach des doppeldeckers
    und entkommt.
das kind folgt einem anderen weg, es mustert die balkone, springt durch
    das fenster und geht ins wohnzimmer –
dann erzählen die fremden von ihrem leben.

gegen die geschwindigkeit

die ordonanz muß etwas für vater erledigen und bekommt geld für die
busfahrt.

der soldat seiner majestät kommt recht spät zurück, ist elend und im
gesicht verletzt.

ihm sei im bus übel geworden und er habe sich übergeben. der busfahrer
und der schaffner hätten ihn dann geprügelt.

er solle sich ausruhen, sagt vater und schickt ihn ins bett.

am tag darauf wimmert er:

«herr oberst, ich mache alles, was sie wollen, aber bitte keine busfahrt
mehr.»

vater empfiehlt, er solle das nächste mal ein bündel basilikum mitnehmen und immer daran riechen, dann würde ihm nicht mehr übel.

ein füller

am tag darauf vertraut sich die ordonanz dem kind an.
der stolze mann zieht ein foto aus der tasche.
auf dem zentralplatz sitzt er in der hocke, hält einen füller in der hand
    und schaut in die kamera – hinter ihm das bürgermeisteramt,
    das wahrzeichen teherans.
«wie viele fotos hast du gemacht?»
«zwölf.»
«warum so viele?»
«für die verwandten im dorf. wenn sie das foto mit dem füller sehen,
    dann glauben sie, daß ich schreiben kann.»
dazu schweigt das kind.
«junger herr, bitte erzählen sie es herrn oberst nicht.»
«warum nicht?»
«herr oberst könnte böse werden und mich schimpfen.»
das kind beruhigt ihn: «das tut er nicht.»
«junger herr, schreiben sie die adresse auf den umschlag, damit ich den
    brief einwerfen kann?»

das schreckliche teheran

das buch ist dick, zerlesen und kostet praktisch nichts.
das kind liest im vorwort, das sei der erste roman der persischen
    sprache –
eine melange aus krimi, thriller und liebesgeschichte mit deftigen
    szenen. erschienen 1947, im jahre des kindes.
der autor verlegt die handlung in die zeit des zweiten weltkrieges; die
    alliierten teilen sich das land.
kgb-damen verführen deutsche spione. eine polnische agentin wird auf
    einen amerikanischen offizier angesetzt. und die damen geizen nicht
    mit ihren reizen –
anders als die schamhaften iranerinnen im roman.
verfolgungsszenen in engen gassen hinterlassen viele leichen.
die handlung findet ausschließlich in teheran statt.
gassen, plätze, cafés werden genannt, die das kind nicht kennt.
es nimmt den bus, fährt an die stätte des romans und berührt seine stadt
    an ihren vielen gesichtern.

prinz sumsum

vater führt das kind zur armeebank.

«sie zahlen bessere zinsen als jede andere bank.»

ganz teheran munkelt, der schah sei der großaktionär der bank.

«ich will für meinen sohn ein sparkonto eröffnen», er legt seinen
   offiziersausweis auf den tisch und gibt dem sohn einen wink.

das kind holt seine geburtsurkunde heraus und überreicht sie dem
   angestellten.

in seinem 17. lebensjahr trägt das kind zum ersten mal den ausweis bei
   sich.

während der formalitäten weist vater auf einen mann hin. er sitzt allein
   im hintergrund, mit gesenktem kopf, und summt vor sich hin.

«weißt du, wer das ist?»

das kind weiß es nicht.

«prinz sumsum», sagt vater.

«er rechnet. er sitzt alleine an dem tisch, damit er nicht gestört wird.
   da er die zahlen vor sich hinsummt, heißt er prinz sumsum.»

draußen sagt vater:

«wenn du als bauingenieur aus deutschland zurückkommst, wartet hier
   eine schöne summe auf dich.»

das kind steckt die geburtsurkunde ein und geht neben dem vater her.

ein grieche

die nationallotterie ist beliebt, überall werden die lose angeboten. bettler
   verkaufen sie –
manchmal singen sie dazu auch lieder.
jeden freitag wird der gewinner im radio vorgestellt, der saal ist überfüllt.
das kind liebt die sendung. ungeschützt erzählen die gewinner von ihren
   träumen.
der heutige gewinner stellt sich vor, sein name ist griechisch.
das publikum applaudiert, der moderator gratuliert und fragt, wieso er so
   einen namen habe.
«ich bin grieche», sagt er auf persisch und erzählt von seiner ankunft.
«seit jahrzehnten lebte meine familie in alexandria. dann kam gamal
   abdul nasser an die macht und nationalisierte den suez-kanal. in der
   folge wurde ägypten von england, frankreich und israel überfallen.
   danach antwortete nasser. er warf die ausländer raus –
wir waren nun agenten.»
hier schaltet sich der moderator ein und fragt, warum die familie nach
   iran gekommen sei.
«wir haben das erste schiff genommen.»
das publikum tobt und schreit hurra.

bestechung

um einen paß zu bekommen, benötigt das kind eine amtliche abschrift
    seiner geburtsurkunde.
vater gibt ihm fünf toman.
«wenn du dem beamten kein geld gibst, mußt du wochen auf die
    abschrift warten.»
das kind hat noch nie jemanden bestochen und will das auch jetzt nicht
    tun.
«baba, ich mache das bestimmt falsch.»
vater nimmt die geburtsurkunde in die hand, steckt den geldschein
    hinein und schlägt sie zu.
«du brauchst kein wort zu sagen; unsere beamten verstehen ihr
    handwerk.»
in der amtsstube steht das kind herum und weiß nicht weiter.
erwachsene treten ein, wühlen in ihren hosentaschen, bringen einen
    geldschein heraus und reichen ihn dem beamten mit der bemerkung:
    «sie wissen ja, ich habe es eilig.»
das kind zögert, bis der beamte reagiert:
«junger mann, brauchst du auch eine abschrift der geburtsurkunde?»
das kind kann gar nicht sehen, wie der geldschein in die offene schublade
    fällt.

der paß

mit dem vater geht das kind durch eines der letzten stadttore, verziert mit
blauen fayencen –
engel stehen da und bewundern die hauptstadt.
ein soldat mit gewehr und bajonett steht vor dem gebäude und bewacht
die pässe.
«herr oberst, es ist schon mittag, sie müssen morgen kommen.»
der weiche akzent verrät seine herkunft, vater spricht ihn auf
aserbaijanisch an.
nach einer minute salutiert er und macht die tür auf.
im amt bleibt vater stehen: «mein sohn, wenn du in diesem land etwas
erreichen willst, gehe nie nach oben», und er nimmt die treppe in den
keller.
dort sitzen mehrere männer, beschäftigt mit papieren.
plötzlich springt einer auf: «herr leutnant, herr leutnant», und er hinkt
zum vater.
die männer umarmen sich und küssen sich. an dem tisch des beamten
geht die unterhaltung weiter. das kind trinkt tee und versteht nichts.
irgendwann fragt der mann:
«herr leutnant, entschuldigung, herr oberst, was haben sie für einen
wunsch?»
«mein sohn soll im ausland studieren und braucht einen paß.»
«kein problem, haben sie die geburtsurkunde und fotos dabei?»
das kind überreicht ihm alles.
«herr oberst, trinken sie noch einen tee, ich bin gleich wieder hier.»

der rekrut

«baba, wer ist der mann?»

«er war ein einfacher rekrut, als ich in behbehan diente; da warst du
    gerade zwei jahre alt.

bei den schießübungen wurde er verletzt – seither hinkt er.

‹herr leutnant, mit diesem bein kann ich nicht mehr als maurer arbeiten.›

ich ging zu meinem vorgesetzten und verwendete mich für den rekruten.

    schließlich wurde er als unteroffizier bei der armee eingestellt. jetzt ist
    er die treppe hochgefallen und arbeitet bei der paßbehörde.»

kaum war vater fertig, da kommt schon sein rekrut mit dem paß in der
    hand.

«hier mein freund, aber du sollst nie eine ausländerin heiraten, klar?»

die männer scherzen.

das kind nimmt den paß an.

ein abschiedsfest

das kind hat bereits einen paß, das flugdatum steht fest. da lädt der
  oberst der luftwaffe zu einem abschiedsfest ein.
er sei oft in europa gewesen, kenne viele länder, dann zwinkert er dem
  kind zu: «auch viele frauen.»
«ach, nicht wieder diese angebergeschichten», stöhnt seine frau.
alle lachen, das kind schweigt.
«herr oberst, sie erlauben doch, daß ihr sohn auch einen schluck trinkt.»
«warum nicht? er ist ja bald in europa; dort wird er wohl alles trinken»,
  antwortet vater.
der gastgeber bringt ein glas mit einem grünen inhalt.
«auf dein wohl und darauf, daß du in europa viel erlebst», er nippt an
  seinem glas.
das kind leert sein glas in einem zug.
herr oberst schaut zu, schmunzelt und unterhält seine gäste.
dann zieht er das kind in eine ecke:
«mein freund, das war ein minze-likör, den trinkt man nicht wie wodka.»
«aber, ich bitte sie, herr oberst ...»
«mir brauchst du nichts vorzumachen», er schlägt dem kind auf die
  schulter.

ausreisegenehmigung

jeder iraner braucht eine ausreisegenehmigung von der polizei,
    der offizierssohn muß sie beim geheimdienst beantragen.
vater läßt das kind nicht alleine dorthin gehen.
ein unscheinbares gebäude in einem gewöhnlichen wohnviertel.
der oberst kennt den vater, die männer umarmen sich und plaudern.
die sekretärin bringt tee, der oberst ruft:
«die akte!» – der name wird nicht einmal erwähnt.
«hat mein sohn schon eine akte bei euch?»
mit einer wegwerfenden geste antwortet der oberst:
«das ist wegen des gymnasiums. du weißt, die meisten lehrer waren mal
    kommunisten.»
«habt ihr für jeden gymnasiasten dort eine akte angelegt?»
die akte kommt, herr oberst blättert darin.
«na gut. da er dein sohn ist, sehe ich kein problem.»
vater sagt nichts mehr.
der oberst schließt die akte.

hinausgeflogen

«heute habe ich vor dem sonnenaufgang ein einzelgebet für dich
gesprochen», flüstert tante zinat.

sie steht an der türschwelle und hält das heilige buch in der hand. der
reisende geht darunter durch und verläßt das geburtshaus. tante zinat
schüttet ihm wasser nach – auf seine rückkehr.

nach der letzten polizeikontrolle dreht sich das kind um:

da steht vater, in seiner uniform, das gesicht voller tränen.

das kind geht über das rollfeld und steigt ins flugzeug der iran air.

als es sich in der luft fühlt, läutet es und verlangt eine schachtel amerikanische winston.

das kind flüchtet aus der kindheit.

Nachwort
Ein vibrierendes Leben

«ich gehe immer fort, wenn mir die fenster zu eng
und die menschen zu klug werden.»
SAID aus «kaddisch für einen verblendeten»

Die Nachricht verdunkelte den heiteren Himmel auf der Stelle. Nicht nur, weil sie so plötzlich eintraf, sondern weil sie zunächst auch unvorstellbar zu sein schien. Es war der 15 Mai 2021, als mir Michael Krüger die Frage schickte, ob ich es bereits gehört hätte. Kurz zuvor hatte ihm ein Bekannter mitgeteilt, dass SAID heute plötzlich an einem Herzinfarkt gestorben sei. Ich wollte es nicht glauben und fiel in ein Schweigen, dass sich seinen Raum suchte.

Es war einige Jahre her, dass mir SAID seine Visitenkarte überreicht hatte. Viel findet sich nicht darauf. Auf der Rückseite ist seine Homepageadresse angegeben. Auf der Vorderseite steht nur ein Wort: «Schweigen». Dieses Wort – für SAID war es mit Blick auf den von ihm geliebten Hölderlin nur ein anderes Wort für ein Fallen, «das sich mit der Zeit verbindet» – bedeutete jedoch keinesfalls ein Stillschweigen gegenüber den vielfältigen Bedrohungen der Freiheit, die sich seit der Jahrtausendwende auch in den westlichen Zivilisationen immer weiter ausbreiten. Diese nicht zu verleugnen und gleichzeitig der Schönheit, die das Leben bereichert und mit Mut erfüllt, ein stilles Lied in den Zeilen seiner zumeist kurzen und in klarer Sprache verfassten Gedichte zu singen, ist das Geschenk, welches SAID der deutschen Sprache mit jedem neuen Buch seit über fünfzig Jahren gemacht hat. Die kritische Verbundenheit zur deutschen Sprache, die ihm eine zweite Heimat, zu einem «zweiten exil» wurde, sowie zur europäischen Vorstellung eines Freiheitsbegriffs kommt dabei in nahezu allen seiner Bücher zum Ausdruck. In seinem eigenen west-östlichen Diwan wohnten, neben vielen anderen, Schriftsteller und Dichter wie Hafis und

Goethe, Omar Chayyam, Ahmad Schamlu, Hölderlin, Novalis, Heine und Rilke, denen er immer wieder in seinen Texten begegnet.

In meiner Erinnerung ist es das Jahr 2000, in dem ich erstmals zwei Bücher von SAID in die Hand bekommen und gelesen hatte. Sein 1999 veröffentlichtes, wunderbares Bestiarium *Dieses Tier, das es nicht gibt* und den ein Jahr zuvor erschienen Band mit Liebesgedichten, der den schönen Titel *Sei Nacht zu mir* trug. Zwei Jahre später lud ich SAID das erste Mal zu den «Poetischen Quellen» ein, dem Internationalen Literaturfest in den ostwestfälischen Nachbarstädten Bad Oeynhausen und Löhne. Danach kam er gerne und oft wieder, zwischen 2002 und 2019 insgesamt achtmal, und im Laufe der Jahre – 2007 ist während der Leipziger Buchmesse bei einem Essen im Thüringer Hof zwischen uns aus dem «Sie» ein «du» geworden – entstand eine immer engere Freundschaft, die es mir von Jahr zu Jahr nicht leichter machte, eine Seite im Programmheft des Literaturfestes über ihn zu schreiben.

«Die Grenzen meiner Sprache sind die Grenzen meiner Welt», schrieb Ludwig Wittgenstein. SAID, 1947 in Teheran geboren, übertrat die Grenzen seiner Welt erstmals 1965, als er nach Deutschland zum Studieren kam. Aufgrund seiner kritischen Haltung zuerst gegenüber dem Schah, dann gegenüber dem Mullah-Regime, konnte er nie wieder in die ersehnte persische Heimat zurückkehren und lebte, abgesehen von wenigen Monaten 1979, in denen er in der Übergangszeit von der militärischen in die religiös-fundamentalistische Diktatur in den Iran zurückgekehrt war, fortan in Deutschland im Exil. Eine weitere Grenze, diesmal eine Sprachgrenze, übertrat er schließlich um das Jahr 1980, als er damit begann, auf Deutsch zu schreiben. Mit diesen beiden Übertritten wurde SAIDs Welt aber nicht enger oder gar noch begrenzter, wie man es aus Wittgensteins Satz auch schließen könnte. Das Gegenteil trat ein: Mit seinen Grenzüberschreitungen erschuf sich SAID eine neue Welt, in der die verlorene Heimat und die Fremde, das Persische und das Deutsche wie zwei Flüsse zusammenflossen, und er öffnete diese Welt in seinem Schreiben, in seiner Poesie ab jenem Zeitpunkt auch für uns.

Es ist dies eine Welt der Freiheit, der Achtung der gegenseitigen Würde in Ehrfurcht und einer demütigen Haltung dem Leben gegenüber und zwar dem Leben in seiner Ganzheit: «meine poesie ist vom fleisch genährt, ich habe stets von wirklichen dingen gesprochen», schreibt er. SAIDs Dichtung wie auch seine anderen Texte bilden dabei immer eine Brücke von Mensch zu Mensch und von Kulturraum zu Kulturraum. Hier schreibt jemand, für den Vernunft, Freiheit und Religion, für den Ost und West keine Gegensätze und schon gar keine «leere rhetorik» darstellen, sondern vielmehr das kulturelle «hinterland» zur Eröffnung eines Dialogs verkörpern, denn «aus meiner sicht ist die politik ein teil der kultur und nicht umgekehrt.»

Auch wenn SAID in seinem Buch *parlando mit le phung* den Erzähler sagen lässt, dass er die Welt missachtet, so heißt es unmittelbar darauf, dass «er die Menschen dennoch liebe». Wofür aber steht das «dennoch»? Seine Missachtung richtet sich auf die Entwicklung unserer Zivilisation, die seit Ausschwitz unter einem doppelzüngigen Fortschrittsbegriff des Menschlichen die immer weiterreichende Unterwerfung des Menschen unter die vollkommen entkörperlichte und emotionslose Herrschaft des Wettbewerbs, der Konkurrenz, der Effizienz, des Gewinns und heutzutage auch der Technik und Wissenschaft versteht. «jedes wissen, nicht gebunden an einen körper, ist nutzlos, aber gerade dann vermehrt es sich, besonders in unserem rasenden jahrhundert», schreibt er dazu und bringt an anderer Stelle im Stil eines Pasolini die unverbrüchliche, geradezu trotzig-streitbare Hoffnung, jenes «dennoch» des Dichters, zum Ausdruck: «aber noch immer suche ich unverbildete menschen und intakte landschaften ...»

Diese Hoffnung schafft es mit den Mitteln des Dichtens und Erzählens falsche Toleranz anzuprangern, scheinbar zwangsläufig kulturell voneinander Getrenntes zusammenzubringen und die Falschheit, die Unwahrheit und die Grausamkeit einer zur Ideologie erhobenen Meinung oder Religion offenzulegen. Diese Hoffnung stellt das zutiefst religiöse und damit auch zutiefst subversive Moment in SAIDs gesamtem Werk dar. Diese Hoffnung ist letztlich nichts anderes als die Hingebung an das Gefühl der Liebe als einziger Aussicht der Menschen auf eine wahrhaftige und aufrichtige Verbindung untereinander. «ich rufe nur meine liebe in die welt hinaus, bis sie zum aufruhr wird und euch erfasst» lässt SAID in der Erzählung *ich, jesus von nazareth* seinen Jesus ausrufen, den vielleicht radikalsten Revolutionär, den die Menschheit erlebt hat.

Mit Friedenspreisträgern wie Boualem Sansal, Liao Yiwu oder Swetlana Alexijewitsch hat SAID gemein, dass auch er sich nicht zu schade dafür war, die charakterlosen Widersprüche der westlichen Demokratien mit literarischen Mitteln offenzulegen, wenn ihm dies nötig erschien: «und der exilierte, inzwischen mehr als ein vierteljahrhundert auf der flucht, in freiheit, ist müde geworden, europa – weil du immer sieger, nie aber freund sein willst. weil du die tagesvernunft gegen den anstand stellst, und gegen brüderlichkeit. nur: dort, wo keine liebe ist, wächst kein verstehen», schreibt er in seinem Essayband *Das Niemandsland ist unseres* über sich, aber eigentlich über uns in Europa. «Daß ein Mensch unantastbar, unversuchbar, unbeirrbar sein kann, hat etwas Hinreißendes», sagte Hannah Arendt in ihrer Laudatio auf den Friedenspreisträger des Jahres 1958, Karl Jaspers. Mit Blick auf jedwede unbedingte Ablehnung eines weltanschaulich gefärbten und die Würde des Menschen außer Acht lassenden Denkens und Handelns trifft diese hinreißende Unbeirrbarkeit eben auch ganz genau auf SAID zu, der unerklärlicherweise selbst nie mit dem Friedenspreis des Deutschen Buchhandels ausgezeichnet worden ist.

»die poesie ist meine art
der unruhe«

Diese unbeirrbare und gleichzeitig hinreißende Unruhe ließ SAID immer dann vibrieren, wenn er Freiheit und Unabhängigkeit durch Ideologien, Ungerechtigkeiten, heuchlerische Doppelmoral und Lügen in der Welt wahrnahm. Er, der immer Suchende und immer Fragende, schuf daraus eine Poesie, die mit ihrer Kürze und mit ihrer sprachlichen Klarheit und Schönheit darauf aus war, «die dinge zusammenzubringen, damit eine gegenerzählung möglich ist» gegen «den aberglauben des fortschritts.» Seine 2007 veröffentlichten *Psalmen* sind ein auf Augenhöhe geführtes Gespräch zwischen Mensch und Gott, gegründet auf einer Spiritualität, die sich SAID von allen monotheistischen Religionen gewünscht hätte, weil sie ohne religiöse Eiferer auskommt und einen Dialog unter Gleichberechtigten möglich macht. Zwei grundlegende Zeilen, mit denen sich sein lyrisches Ich an einen Gott richtet, lauten darin: «und fürchte dich nicht vor meinem wort / denn es sucht dich mit mir zu verbinden». Überhaupt setzte SAID auf einen streitbaren Dialog als einzige Chance zur Verbesserung der Zustände. Sein ganzes Werk muss als Teil dieses interreligiösen, transkulturellen Gesprächs unter hoffenden Menschen betrachtet werden, geschrieben, um die Liebe endlich wieder aus der «hinterstube» zu befreien. Wurde er von Journalisten nach seiner größten Hoffnung befragt, lautet seine Antwort stets: «Mit Salman Rushdie in Teheran einen Tee trinken.»

Auch 2012 war SAID wieder zu Gast bei den «Poetischen Quellen». Zusammen mit dem israelischen Schriftsteller Asher Reich lasen beide aus ihrem poetischen Briefwechsel in der Auferstehungskirche von Bad Oeynhausen. Ein gebürtiger Moslem traf auf einen bekennenden Juden in einer christlichen Kirche. Das gefiel beiden. In das Gästebuch notierte SAID hinterher: «Ich kam mit Herrn Reich und ging gern ganz arm weg.»

Ernsthaftigkeit und Humor, ein tiefes Mitempfinden für Ungerechtigkeit und Schamlosigkeit ebenso wie mit Situationen des einfachen Glücks und der fast schon kindlichen Freude – beide Seiten vereinte SAID in sich und beide konnte er urplötzlich mit einer geradezu körperlichen Vibration durchleben. Wenn er etwas erzählte, was ihm nahe ging, ob es sich dabei um etwas Trauriges oder Schönes handelte, war dabei vollkommen egal, standen ihm schnell Tränen der Ergriffenheit und Anteilnahme in den Augen und man war versucht, ihn sofort in die Arme zu schließen.

Neben dem Literaturfest verabredeten meine Frau und ich uns mit SAID so oft es ging auf den Buchmessen in Leipzig oder Frankfurt, versuchten, bei Preisverleihungen mit dabei zu sein und planten fast immer auf unseren Wegen in den Süden oder zurück einen Zwischenstopp in München mit ein, wo SAID über 50 Jahre lebte und arbeitete. Wir trafen uns im Stadtcafé gegenüber der Synagoge oder gingen zum Essen entweder in ein Restaurant in der Dachauer Straße, die SAID als «Little Teheran» bezeichnete, weil es hier viele persische Restaurants und Geschäfte gab, oder ins «Servabo», einem kleinen Gasthaus in Haidhausen, dessen Inhaber, ebenfalls ein Exiliraner, und seine Frau Freunde von SAID waren. Wenn wir eintrafen, saß SAID, der Iraner mit preußischer Überpünktlichkeit, immer schon da. In Anzug und Weste sprang er bei Sichtkontakt auf, während wir noch gar nicht im Restaurant oder Café angekommen waren, um uns schon auf der Straße umarmend zu begrüßen. Die äußere, konservativ anmutende Form war dabei nicht das Gegenstück zu seinem unbändig freiheitsliebenden Geist. Es war vielmehr der Spiegel des Bewahrens einer aufgeklärten, humanistischen Tradition des freien, uneingeschränkten Denkens und Kritisierens, welches er einem Europa entgegenhielt, das sich von diesen Traditionen immer weiter entfernt und das ihn, wieder mit Pasolini gesprochen, «zu einer Kraft des Vergangenen (...), moderner als alle Modernen» machte, der wusste, dass wahre Kritik nur aus dem Unzeitgemäßen entsteht.

»die poesie ist meine art
zu verschwinden«

2014 schickte mir SAID im Anhang einer E-Mail ein langes Textmanuskript mit der Frage, ob ich nicht einen Verlag wüsste und ihn vielleicht auch ansprechen könnte, der an einer Veröffentlichung interessiert sei. Der Text trug den Titel *ein vibrierendes kind* und stellte sich als die Kindheits- und Jugenderinnerungen heraus, die SAID an den Iran und seine Stadt, Teheran, hatte. Sie muten an wie ein Langgedicht mit ihrer poetisch-kraftvollen Sprache, die so einfach wie anschaulich ist. Man spürt darin sowohl das Aufgehobensein in der Erinnerung als auch die Sehnsucht nach Heimat. Beides steckt in und zwischen den Zeilen und beim Lesen dieses jetzt endlich veröffentlichten Buches fühlt man sich voller Schmerzen an den Titel eines früheren Gedichtbandes von SAID erinnert: *Wo ich sterbe ist meine Fremde.* Immer noch erfüllt mit Trauer, stiehlt sich schließlich ein Gedanke in das Schweigen ein: «Nein, SAID, obwohl in der Fremde gestorben, wird Deine Poesie nicht verschwinden, denn Deine Bücher sind weiter in einer Welt, die diese Bücher offensichtlich immer dringender nötig hat! Aber weiß sie das auch oder sind ihre Fenster zu eng geworden?»

Michael Scholz